Cuaderno de actividades
A
Paso A–Capítulo 7

SIXTH EDITION

Dos mundos

Comunicación y comunidad

Tracy D. Terrell
Late, University of California, San Diego

Magdalena Andrade
Irvine Valley College

Jeanne Egasse
Irvine Valley College

Elías Miguel Muñoz

Mc
Graw
Hill

Boston   Burr Ridge, IL   Dubuque, IA   Madison, WI   New York   San Francisco   St. Louis
Bangkok   Bogotá   Caracas   Kuala Lumpur   Lisbon   London   Madrid   Mexico City
Milan   Montreal   New Delhi   Santiago   Seoul   Singapore   Sydney   Taipei   Toronto

Higher Education

This is an ⊟Ⓓ book.

Cuaderno de actividades to accompany Dos mundos

Published by McGraw-Hill, an imprint of The McGraw-Hill Companies, Inc., 1221 Avenue of the Americas, New York, NY 10020. Copyright © 2006, 2002, 1998, 1994, 1990, 1986 by The McGraw-Hill Companies, Inc. All rights reserved. No part of this publication may be reproduced or distributed in any form or by any means, or stored in a database or retrieval system, without the prior written consent of The McGraw-Hill Companies, Inc., including, but not limited to, in any network or other electronic storage or transmission, or broadcast for distance learning.

1 2 3 4 5 6 7 8 9 0 QPD QPD 9 0 9 8 7 6 5

ISBN: 0-07-303091-0 (Combined); 0-07-303084-8 (Part A); 0-07-303085-6 (Part B)

Editor-in-chief: *Emily Barrosse*
Publisher: *William R. Glass*
Director of development: *Scott Tinetti*
Development editor: *Max Ehrsam*
Marketing manager: *Nick Agnew*
Photo research coordinator: *Nora Agbayani*
Photo researcher: *Susan Friedman*
Production supervisor: *Louis Swaim*
Production editor: *David M. Staloch*
Compositor: *TechBooks/GTS, York, PA*
Printer and binder: *Quebecor World Printing, Dubuque*

CREDITS
Photos:
99 © Mindy Schauer/Orange County Register/Corbis; *118* © Richard Cummins/Corbis; *142* (*top*) © Tony Arruza/Corbis.

Readings:
118 "Cinco de mayo" by Francisco X. Alarcón in *Laughing Tomatoes and Other Spring Poems*. Reproduced by permission of the publisher, San Francisco: Children's Book Press. Copyright © 1997 by Francisco X. Alarcón; *186* Excerpt from *El principio del placer* by José Emilio Pacheco. D.R. © 1997, Ediciones Era, S.A. de C.V., México D.F. Used by permission of Ediciones Era; *188* "Castillos en el aire" de Alberto CORTEZ en *Soy un ser humano*, México D.F, 1985: Emece Mexicana.

www.mhhe.com

CONTENTS

To the Instructor

Welcome to the Sixth Edition of our workbook/laboratory manual, which we have renamed *Cuaderno de actividades* to reflect the wealth of activities that it provides. The *Cuaderno* has many new activities and readings, but its basic premise has not changed. It is intended for use outside the classroom. Its primary goal is to give students additional practice reading, writing, and listening to Spanish in a variety of meaningful contexts.

The general organization of the *Cuaderno* follows that of the student textbook: It is divided into three preliminary **Pasos (A, B,** and **C)** and fifteen regular chapters. Each chapter contains the same thematic divisions as the corresponding chapter in the main text. We provide **Actividades escritas** (written activities) and **Actividades auditivas** (listening comprehension activities) for every topic in the **Actividades de comunicación y lecturas** sections of the textbook. Each chapter has the following sequence.

Actividades escritas: two to four activities per chapter theme

Resumen cultural: questions that review the cultural content of the main text chapter

Actividades auditivas: one or more listening comprehension activities per chapter theme

Pronunciación y ortografía: recorded pronunciation and spelling exercises

Videoteca: written activities coordinated with the *Video to accompany Dos mundos*

Lecturas: Reading selections which include short stories and poetry

---

Students should work the **Actividades escritas** and the **Resumen cultural** first; then, once familiar with the themes, vocabulary, culture, and grammar in the chapter, they should do the **Actividades auditivas.** The written activities will give students practice and confidence before they listen to the recorded segments on their own.

The *Cuaderno* Sections: A Closer Look

Actividades escritas. Two types of activities are included in this section: those that focus on grammar, and those that allow students to write creatively. Each **Actividades escritas** section begins with a reference (**Lea Gramática...**) to the corresponding grammar point(s) in the textbook. This reference will remind students which grammar topic(s) to review before doing the activities and where to look for help while working. Most of these activities can be done outside of class, but in-class follow-up of the creative writing assignments can prove beneficial.

Resumen cultural. The written activities in the **Resumen cultural** section allow students to verify their knowledge and understanding of Hispanic cultures. These activities draw on the cultural material in each chapter of the main text: **Sobre el artista** and a cultural timeline on the chapter opener page; **¡OJO!, Ventanas culturales, Ventanas al pasado, Enlaces literarios** and **Lecturas** in the **Actividades de comunicación y lecturas** section.

Actividades auditivas. The activities in this section consist of conversations, narratives, and advertisements recorded on audio CD. Since the focus is on listening comprehension, the scripts of these passages are not included in the *Cuaderno de actividades*. Instead, each recorded passage has a corresponding activity, which always contains:

- A list of new or unfamiliar vocabulary with English translations
- A drawing that illustrates the theme
- A short introduction to the recorded passage
- Verification questions of several types

Starting with **Capítulo 1,** each **Actividades auditivas** section opens with a segment called **Los amigos animados.** Additionally, beginning with **Paso B,** the **Actividades auditivas** section closes with a segment called **¡A repasar!**

- **Los amigos animados:** These activities review vocabulary, themes, and grammar from the previous chapter, providing students with a warm-up before they listen to the new material. This segment is also an animated feature in the Sixth Edition CD-ROM.

- **¡A repasar!:** These are cumulative activities that focus on the general theme of the chapter. Their purpose is to review chapter topics, vocabulary, and grammar.

New in the Sixth Edition are a series of skill building guidelines for working with the **Actividades auditivas.** These guides are included in **Paso A, Capítulo 2,** and **Capítulo 7.**

Pronunciación y ortografía. This section provides explanations and exercises that help students work with the sound system of Spanish and its correspondence with spelling. Spanish sound-letter correspondences are relatively simple, and many students become good spellers in Spanish without explicit instruction. Note that these exercises generally include only words that students have already encountered in oral class activities.

Videoteca. Correlated with the *Video to accompany Dos mundos,* this section helps students work with the content of the chapter's video segments. The **Videoteca** activities were rewritten for the Sixth Edition and there are now three components:

- **Los amigos animados:** animation of the review segments in the **Actividades auditivas.** These segments are also included as listening comprehension activities in the audio CD.

- **Escenas culturales:** a brief cultural montage correlated with the country or countries of the chapter opener page. A **Vocabulario útil** box helps students with difficult vocabulary. Follow-up questions include multiple choice and short answer.

- **Escenas en contexto:** short thematic vignettes correlated with the chapter theme. These include a **Vocabulario útil** box, a brief synopsis and post-viewing questions.

We suggest you do the first segment, **Paso C,** and corresponding activities with your students. Then the rest may be assigned as homework or done in class as time permits. Note that the audio program is available on the *Dos mundos* Online Learning Center as Premium Content.

Lecturas. There are two categories of readings in the *Cuaderno:* **Lecturas** and **Notas culturales.** The **Notas culturales** are usually short and focus on some aspect of Hispanic culture, such as music or education. Some **Lecturas** feature the *Dos mundos* cast of characters and others include readings on cultural and historical topics such as Mexican cities and Hispanic cuisine.

- **Literature:** New in the Sixth Edition are several literary selections: poetry, a song, excerpts from the Maya book *Popol Vuh* and from a novel by Mexican writer José Emilio Pacheco, and five short stories. The **Cuentos** include "Cassette" by Argentine writer Enrique Anderson Imbert and "La prueba" by Cuban writer Nancy Alonso.

All the **Lecturas** and **Notas culturales** are preceded by a list of useful vocabulary and a **Pistas para leer** box. The **Pistas** box is new in the Sixth Edition; it presents questions, clues, and useful reading strategies such as scanning, visualization, and cognate recognition. All readings feature optional comprehension questions and creative writing activities:

- **Comprensión:** brief verification questions
- **Un paso más... ¡a escribir!:** creative writing activities

The readings can be assigned as homework or as makeup work, or used as springboards for class discussion and oral group presentations. In the *Instructor's Manual,* you will find helpful notes and suggestions for teaching the readings in the *Cuaderno de actividades,* and more ideas for post-reading activities.

Expansión gramatical. Some additional grammar concepts, with verification exercises, appear in a section called **Expansión gramatical** at the end of the *Cuaderno.* If you wish to present more grammar concepts than those included in the main text, the **Expansión** section will be very helpful.

Answer Key. At the end of the *Cuaderno* are answers to all **Actividades escritas** including the **Resumen cultural,** to all **Actividades auditivas, Ejercicios de ortografía, Videoteca** activities and **Comprensión** questions of the **Lecturas.** This Answer Key provides instant feedback, allowing students to check their own work and to learn from their errors.

You will find many open-ended and communicative activities in the *Cuaderno de actividades*. Answers to questions for which there is more than one correct response and for personalized activities are identified by the symbol ▲ or by the phrase *answers should be original*. In those cases we usually provide guidelines and suggestions, rather than specific answers. Students must allow for differences in content when checking answers to open-ended questions and activities. They should correct errors in form only.

The *Cuaderno*: Useful Suggestions

A Low-Stress Classroom Environment: Letting it Happen Naturally

Avoid placing undue stress on students over the *Cuaderno de actividades* assignments. Help students to understand that the listening component is primarily a source of additional comprehensible input. Encourage them to consult you when problems arise. Remind them that they may listen multiple times but that, even so, it is not realistic to expect to comprehend everything they hear. Emphasize that it is not necessary for students to comprehend everything in order to answer every question correctly.

The *Actividades auditivas*: Helping Students To Listen

The listening comprehension activities are intended primarily for use as homework, but they can also be done in class. Students will need some training in order to work confidently with this component. We have added listening guides which will train them to approach these activities in a systematic way. This new feature provides steps for creating a context and for coming up with useful strategies to help students complete the comprehension activities successfully.

The first guiding session appears with **Paso A,** and students should be able to learn the procedure easily by following directions recorded on the CD. However, you should provide similar instruction before starting **Paso B** and try to do at least part of each **Paso** in class before you assign the remaining activities as homework. The following section, To the Student, introduces students to the *Cuaderno* materials and gives them general guidelines for working with the listening comprehension component. We also recommend that you add a "training session" at some point between **Capítulos 2** and **7** and at the beginning of a new semester or quarter. Additionally, it is a good idea to review the procedure and listening techniques whenever you feel that segments have started to become more complicated.

Please note that although the speakers on the audio program will not speak at normal native speed, students often have the impression that the rate of speech is too fast. One reason for this is the lack of visual cues. Furthermore, the level of input in some segments is slightly above the students' current level of comprehension, which may cause some anxiety. To avoid concern, make sure students understand that the *Cuaderno* materials are a set of learning tools and that they need to know how to use them effectively. We recommend that you finish most of the **Actividades de comunicación** of a given textbook chapter before assigning students to work independently on the **Actividades escritas** and then on the **Actividades auditivas.**

Pronunciation: Do Not Repeat After Me!

Students' pronunciation depends upon factors largely beyond the instructors' control, but with classroom experience students will generally develop pronunciation that is acceptable to most native speakers. We suggest that students at first concentrate on listening comprehension, rather than on pronunciation. The purpose of pronunciation exercises is not to provide rules for students but to present a set of exercises in which certain problematic sounds are isolated.

Some instructors find it useful to assign a review of the **Pronunciación y ortografía** sections when starting the second semester (or second or third quarter). A few even recommend that students listen to the audio program for all previous chapters as a review. This experience is rewarding, since students who have covered five or six chapters find the texts from the initial chapters easy the second time around and are excited about their progress.

Measuring Students' Performance: That Is the Question . . . and the Answer

Since the answers are included in the Answer Key of the *Cuaderno*, there remains the problem of how to keep students from copying. In our experience, the majority of students will not cheat unless the assignment proves excessively difficult. In spite of this, and since there is always a need to measure performance in an academic environment, we suggest that you use two or three of the items from each chapter in a short listening comprehension quiz. You could photocopy the corresponding worksheets from the *Cuaderno*, leaving out the vocabulary section, or you may write your own questions. Play each selection two or three times during the quiz. You will find that students who have done their homework honestly will do well on the quizzes and those who merely copied the answers will not.

To the Student

The *Cuaderno de actividades* (workbook/laboratory manual) is intended for use outside the classroom. It is designed to give you additional practice reading, writing, and listening to Spanish in a variety of meaningful contexts. The organization of the *Cuaderno* follows that of your textbook: three preliminary **Pasos** (*steps*) and fifteen chapters. Each chapter provides **Actividades escritas** (*written activities*) and **Actividades auditivas** (*listening comprehension activities*) for every topic in the **Actividades de comunicación y lecturas** sections of *Dos mundos*, Sixth Edition.

   The following chart highlights all features of the *Cuaderno de actividades*.

	WHAT IS IT?	**HOW WILL IT HELP?**
Actividades escritas	Written activities usually done outside of class. Coordinated with the chapter theme, vocabulary, and grammar.	Allow you to express yourself in writing and let your instructor see your progress.
Resumen cultural	Written activities that review the cultural content in the main text. One activity per chapter.	Allow you to verify your knowledge and understanding of Hispanic culture.
Actividades auditivas	Listening activities for use outside of class. All activities have comprehension questions.	Provide you with opportunities to listen to and acquire Spanish outside the classroom.
Ejercicios de pronunciación y ortografía	Recorded pronunciation and spelling exercises.	A simple introduction to Spanish spelling and pronunciation.
Videoteca	Written activities to accompany the video program.	Provide you with opportunities to work with and react to the video segments.
Lecturas	Additional readings (**Lecturas** and **Notas culturales**); may be done in class, as homework, or read for pleasure.	Allow you to acquire more Spanish through additional reading.
Expansión gramatical	Additional grammar points with verification exercises, in the Appendix of the combined edition and of Part B of the split edition.	For reference or further study.
Answer Key	Answers to most of the **Actividades escritas,** the **Resumen cultural,** the recorded **Actividades auditivas,** the **Ejercicios de ortografía,** and the **Videoteca** activities.	Give you quick feedback on comprehension and written activities.

How to Get the Most Out of the *Cuaderno*

Actividades escritas. This section gives you the opportunity to express your ideas in written Spanish on the topics presented in each chapter. When doing each activity, try to use the vocabulary and structures that you have acquired in the current chapter as well as those from previous chapters. The **Lea Gramática** note will refer you to the specific grammar points that you need to study in the main text.

In some sections that note will refer you to the grammar in previous chapters. You may also want to remember the following basic guidelines related specifically to the mechanics of the Spanish language.

- Include accent marks whenever they are needed. Accent marks are written directly over vowels: **á, é, í, ó, ú.** Note that when **i** has an accent it doesn't have a dot.
- Don't forget the tilde on the **ñ.** The **ñ** is a different letter from **n.**
- Include question marks (**¿** and **?**) to open and close questions.
- Include exclamation points (**¡** and **!**) before and after exclamations.

When you've finished the assignment, check your answers against the Answer Key in the back of the *Cuaderno.* Bear in mind that in many cases your answers should reflect your own life and experiences. Use the Answer Key to correct errors in form, not differences in content.

Resumen cultural. This section presents questions that review the cultural content from each chapter in the main text: **Sobre el artista** and a cultural timeline on the chapter opener pages, **¡OJO!, Ventanas culturales, Ventanas al pasado, Lecturas,** and **Enlaces literarios.** Use the Answer Key to correct your answers.

Actividades auditivas. This section consists of listening activities which help you check your comprehension of recorded passages. These passages include conversations and advertisements, and give you more opportunities to listen to and understand spoken Spanish outside the classroom. They simulate real-life experiences, giving you exposure to authentic speech in a variety of contexts and to the different accents of the Spanish-speaking world.

The listening activities for each passage consist of the following:

- A list of new or unfamiliar words, followed by their English translation, to aid comprehension
- A drawing and a short introduction to the passage to help you create a context
- Tasks to help you verify whether you have understood the main ideas

Beginning with **Capítulo 1,** each section of **Actividades auditivas** opens with a segment called **Los amigos animados,** which reviews material from the previous chapter. This segment is also an animated feature in the Sixth Edition CD-ROM. Additionally, beginning with **Paso B,** each **Actividades auditivas** section closes with a segment called **¡A repasar!** (*Let's review!*), a cumulative activity that focuses on the central theme of the chapter.

The topics of the recorded segments are the same as those of the corresponding chapter of your textbook. You should try to work on a section of the *Cuaderno* activities after most of the textbook activities for that section have been done in class, that is, when you feel comfortable with the topics and vocabulary of the chapter.

Ejercicios de pronunciación. The *Cuaderno* includes a series of pronunciation exercises starting in **Paso A** and continuing through **Capítulo 10.** These exercises are designed to attune your ear to the differences between English and Spanish and to improve your Spanish pronunciation. The **Ejercicios** group familiar or easily recognizable words so you can practice the pronunciation of a particular sound that those words have in common. First, an explanation of the pronunciation of the sound is given, followed by examples for you to repeat aloud.

Keep the following suggestions and facts in mind when doing these exercises:

- Your goal is to develop a feel for good pronunciation in Spanish, not to memorize pronunciation rules.
- Most people achieve good pronunciation in a new language by interacting in a normal communicative situation with native speakers of that language.
- The more spoken Spanish you hear, the more you will become used to the rhythm, intonation, and sound of the language.
- Do not attempt to pay close attention to details of pronunciation when you are speaking Spanish; it is far more important to pay attention to what you are trying to express.

Ejercicios de ortografía. These exercises consist of spelling rules and examples, followed by dictation exercises. You will be familiar with the words in these dictation exercises from the communicative activities done in class. Again, the idea is not to memorize a large number of spelling rules but rather to concentrate on items that may be a problem for you. These spelling exercises continue through **Capítulo 14.** Remember to check the answers in the back of the *Cuaderno* when you have completed the exercises.

Lecturas. Starting with **Capítulo 1,** each chapter of the *Cuaderno de actividades* contains a section called **Lecturas.** This section features two types of readings: **Lecturas** and **Notas culturales.** The **Notas culturales** are usually short and focus on some aspect of Hispanic culture; some **Lecturas** feature the *Dos mundos* cast of characters and others include fiction and poetry selections. We recommend that you read as many of these **Lecturas** and **Notas** as possible. The more Spanish you read, the more Spanish you will be able to understand and speak.

Keep in mind that reading is not translation. If you are translating into English as you go, you are not really reading. Many of the words and phrases in these readings have appeared in classroom activities. Some words are included in the **Vocabulario útil** list and bolded in the text. You do not need to learn these; just use them to help you understand what you're reading. There will also be some words that you will not know and that are not part of the vocabulary list. Try to understand the main idea of the reading without looking up such words. More often than not, you will be able to get the main idea by using context.

Your instructor will ask you to do some of the **Lecturas** at home so you can discuss them in class. The better you prepare yourself, the more you will learn from these discussions and the more Spanish you will acquire. The following suggestions will help you work with the readings.

- **Cues.** Look at the title, photos, illustrations, and any other cues outside the main text for an introduction to what the reading is about.
- **Familiar words.** Scan the text for familiar words and cognates. Cognates are words that are similar in English and Spanish. Use them to make predictions about content, and to help you anticipate.
- **Main idea.** Pay attention to the first paragraph: it will present the main idea of the reading. The remaining paragraphs develop the main idea with more details.
- **Context.** Use context to make intelligent guesses regarding unfamiliar words.
- **Read with a purpose.** The first time, read to get the main idea; the second, to clarify the main idea and notice important details; the third, to answer questions and relate content to your own experiences.
- **Visualize.** If you are reading a story, picture it in your mind instead of trying to translate as you go.
- **Be an active reader.** Anticipate, predict. An active reader asks him- or herself questions: Why is this said? Who says it? An active reader predicts the outcome and incorporates clues to reformulate predictions as he or she continues to read.
- **Be adventurous.** Try your hand at the different types of questions and post-reading activities. Let your reading be an enjoyable experience!

Videoteca. Correlated with the *Video to accompany Dos mundos*, this section will help you work with the chapter's video segments. There is a variety of viewing activities in the **Videoteca** sections of the *Cuaderno*:

- **Los amigos animados:** animation of the review segments at the beginning of the **Actividades auditivas.** View the animation and answer the questions in the **Actividades auditivas** section of the *Cuaderno.*
- **Escenas culturales:** a brief cultural montage correlated with the country of the textbook chapter opener page. Review the **Vocabulario útil** before viewing. Short follow-up questions will help you to get the most out of this cultural information.
- **Escenas en contexto:** short thematic vignettes correlated with the chapter theme. Review the **Vocabulario útil,** read the synopsis of the action and use the questions to see how much you understood.

The Cast of Characters. Many activities and exercises in *Dos mundos* and the *Cuaderno de actividades* feature a cast of characters from different parts of the Spanish-speaking world. There are two main groups: **Los amigos norteamericanos** and **Los amigos hispanos.** Please refer to the preface in your textbook for a presentation of these characters.

Helpful Symbols. We have included three icons to identify each section of the *Cuaderno de actividades*.

 This icon appears at the beginning of the written activities section. It also appears next to activities that require you to write an essay on a separate sheet of paper.

 This icon indicates that it is time to listen to the audio program.

 This icon identifies activities for the *Video to accompany Dos mundos*.

Strategies for the *Actividades auditivas*

When working with the **Actividades auditivas,** your goal should be to reach an acceptable—not perfect—level of comprehension. You should not listen to the audio program over and over until you understand every single word. Listening to the segments several times can be helpful, but if you listen repeatedly when you're not ready, you will be frustrated. Here are some strategies that will minimize that frustration and maximize your comprehension.

- Before you listen, look at the drawing, the vocabulary words included, the introduction and the questions. When listening: listen for key words. Key words are those you are acquiring or have acquired in class up to this point, plus those given in the vocabulary list at the beginning of each segment to which you will be listening.
- Pay close attention to the context.
- Make educated guesses whenever possible.

Pressure is your worst enemy when doing these assignments. Whenever you are stressed, if a problem arises, you will tend to think that the speakers go too fast, that the material is too difficult or that you are not as good a student as you should be; more often than not, however, extraneous factors are to blame. Here are some frequent causes of frustration:

- Poor planning: waiting to do the assignment until just before it is due, or not allowing sufficient time to complete it without rushing.
- Listening to a segment without adequate preparation.
- Listening over and over, even when you have followed the right procedure. If you are feeling lost, a more effective remedy is to stop the audio program and go over the particular topic as well as the related vocabulary in your textbook.
- Unrealistic expectations. Often students expect to understand everything after listening to a segment once or twice. Don't forget that listening to an audio program is different from listening to a person. When you listen to a radio talk show or to a song for the first time, even in your own language, you don't always grasp everything you hear.

In order to help you derive the most benefit from the **Actividades auditivas,** we have included listening strategies for specific activities in **Paso A, Capítulo 2,** and **Capítulo 7.** Your instructor may play several of the recorded segments in the classroom to give you an idea of the recommended procedure. He or she will go over the directions you have just read, to make sure you've grasped the steps you need to follow.

- First, find a comfortable, well-lit place where you can listen and write comfortably, without interruptions. Have the audio controls as well as the *Cuaderno* within easy reach.
- Do not start until you are familiar with the audio player and feel comfortable using it.
- Open your *Cuaderno* and find the segment you will be listening to. Look at the accompanying drawing(s) and make a mental note of what's depicted, then read everything that is printed for the segment. In addition to helping you determine what is expected of you, this procedure will aid you in creating a context.

- Relax while listening. Let your mind create scenes that correspond to what you're hearing, and listen just to enjoy the exposure to the spoken language. This additional exposure will result in increased confidence in real-life situations.

Once you have done several assignments, you will notice that you feel more comfortable with them. At that point it will be a good idea to go back and listen to the audio program for chapters you've completed. You will realize how much progress you have made.

We hope that this section has made you aware of the importance of planning ahead when working with the **Actividades auditivas.** After some practice you will be so familiar with the process that it will become automatic. We encourage you to follow the suggestions included in **Paso A, Capítulo 2,** and **Capítulo 7.** Use them as models to create strategies for working with the other listening segments. Let the *Cuaderno de actividades* work for you. It will help you in your real-life interactions with native speakers of Spanish!

ABOUT THE AUTHORS

Tracy D. Terrell (*late*) received his Ph.D. in Spanish linguistics from the University of Texas at Austin and published extensively in the areas of Spanish dialectology, specializing in the sociolinguistics of Caribbean Spanish. Professor Terrell's publications on second language acquisition and on the Natural Approach are widely known in the United States and abroad.

Magdalena Andrade received her first B.A. in Spanish/French and a second B.A. in English from San Diego University. After teaching in the Calexico Unified School District Bilingual Program for several years, she taught elementary and intermediate Spanish at both San Diego State and the University of California, Irvine, where she also taught Spanish for Heritage Speakers and Humanities Core Courses. Upon receiving her Ph.D. from the University of California, Irvine, she continued to teach there for several years and also at California State University, Long Beach. Currently an instructor at Irvine Valley College, Professor Andrade has co-authored *Mundos de fantasía: Fábulas, cuentos de hadas y leyendas* and *Cocina y comidas hispanas* (McGraw-Hill) and is developing two other language books.

Jeanne Egasse received her B.A. and M.A. in Spanish linguistics from the University of California, Irvine. She has taught foreign language methodology courses and supervised foreign language and ESL teachers in training at the University of California, Irvine. Currently, she is an instructor of Spanish and coordinates the Spanish Language Program at Irvine Valley College. In addition, she serves as a consultant for local schools and universities on implementing the Natural Approach in the language classroom. Professor Egasse is co-author of *Cocina y comidas hispanas* and *Mundos de fantasía: Fábulas, cuentos de hadas y leyendas* (McGraw-Hill).

Elías Miguel Muñoz is a Cuban American poet and prose writer. He has a Ph.D. in Spanish from the University of California, Irvine, and he has taught language and literature at the university level. Dr. Muñoz is the author of *Viajes fantásticos, Ladrón de la mente,* and *Isla de luz,* titles in the Storyteller's Series by McGraw-Hill. He has published four other novels, two books of literary criticism, and two poetry collections. His creative work has been featured in numerous anthologies and sourcebooks, including *Herencia: The Anthology of Hispanic Literature of the United States, The Encyclopedia of American Literature,* and *The Scribner Writers Series: Latino and Latina Writers.* The author resides in California with his wife and two daughters.

La clase y los estudiantes

Paso A

Los nombres de los compañeros de clase

Lea Gramática A.1–A.2.

NOTE: **Lea Gramática...** notes like the one above appear throughout the **Actividades escritas** to indicate which grammar topics you may want to review before doing a particular group of exercises. You may want to turn to those sections for help while working.

A. Complete these statements by writing the name of one of your classmates who fits the description.

1.   ¿Cómo se llama una persona que tiene el pelo rubio y rizado? Se llama _____.

2.   ¿Cómo se llama una persona alta? Se llama _____.

3.   ¿Cómo se llama una persona que lleva lentes? Se llama _____.

4.   ¿Cómo se llama un(a) estudiante que es muy guapo/bonita? Se llama _____.

5.   ¿Cómo se llama un estudiante que tiene barba o bigote? Se llama _____.

✳ ¿Quién es?

Lea Gramática A.3.

B. Identify the drawings below. Use **es** or **son**, and **un/unos** or **una/unas**.

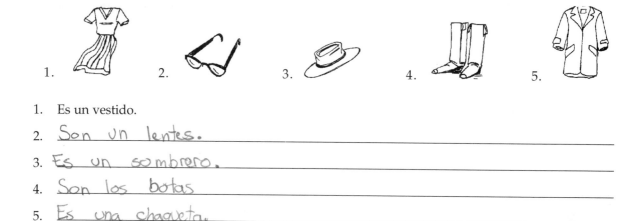

1.   2.   3.   4.   5.

1. Es un vestido.
2. Son un lentes.
3. Es un sombrero.
4. Son los botas
5. Es una chaqueta.

✳ Los colores y la ropa

Lea Gramática A.3–A.4.

C. ¿De qué color son?

El sombrero 🎩 elegante es ___negro___ [1]. El conejo 🐰 es

___blanco___ [2]. Las hojas 🍃 del árbol 🌳 son ___verdes___ [3]. El

limón 🍋 es ___amarillo___ [4]. Las uvas 🍇 son ___moranas___ [5] o

___verde___ [6]. La bandera 🇺🇸 de los Estados Unidos es

___roja___ [7], ___blanca___ [8] y ___azul___ [9].

D. Think of the clothing you own and then write a sentence matching your clothing with a description. Use **mi** (singular) and **mis** (plural) for *my*. Use more than one word for each description.

> MODELOS: (el) vestido → *Mi vestido es blanco y largo.*
>
> (las) corbatas → *Mis corbatas son nuevas y bonitas.*

(las) blusas
(las) camisas
(las) faldas
(las) botas
(la) chaqueta
(el) saco
(el) suéter
(el) vestido
(el) abrigo
(los) pantalones

| es / son |

nuevo/a, viejo/a
bonito/a, feo/a
largo/a, corto/a
blanco/a, negro/a
grande, pequeño/a
verde, gris, azul, etcétera
anaranjado/a, rojo/a, etcétera

1. Mis faldas son negras y verdes neones
2. Mis pantalones son nuevos y bonitos
3. Mis botas son viejos pero son bonitos
4. Mi chaqueta es larga y gris
5. Mi vestido es corto y azul
6. Mi suéter es pequeño y negro con verde neon

✳ Los números (0–39)

E. Fill in the missing vowels to form a word. In the circle to the right, write the number that corresponds to the word.

> MODELO: T R *E* c *E* ⑬

1. D _O_ C _E_ ⑫
2. Q _U_ _I_ N C _E_ ⑮
3. V _I_ _E_ N T I C _U_ _A_ T R _O_ ㉔
4. T R _E_ _I_ N T _A_ y C _I_ N C _O_ ㉟
5. _O_ C H _O_ ⑧

Now check your work by adding the numbers in the circles. (Do not include the **modelo**.) The total should be **94.**

```
     2
    1 2
    1 5
    2 4
    3 5
+    8
  ─────
    9 4
```

❋ Los mandatos en la clase

Lea Gramática A.5.

F. Look at the drawings and then write the command that you think Professor Martínez gave the students.

bailen	canten	escriban	lean	salten
caminen	corran	escuchen	miren	saquen un bolígrafo

1. _____Lean_____

2. _____Bailen_____

3. _____Escuchen_____

4. _____Escriban_____

5. _____Salten_____

6. _____Canten_____

✳ Los saludos

G. Complete the dialogues with the following words or phrases: **cansado, Cómo se llama, gracias, Igualmente, Me llamo, Mucho, usted.**

CARMEN: Hola, me llamo Carmen. ¿___Como___ _se_ ___llama___¹ usted?

ESTEBAN: _Me_ ___llamo___² Esteban. ___Mucho___³ gusto.

CARMEN: ___Igualmente___⁴.

ALBERTO: Buenos días, profesora Martínez. ¿Cómo está ___usted___⁵?

PROFESORA: Muy bien, ___gracias___⁶. ¿Y usted?

ALBERTO: Un poco ___cansado___⁷.

▶ REPASO DE PALABRAS Y FRASES ÚTILES

Complete these conversations by choosing the most logical word or phrase from the list that follows.

Cómo	Cómo se llama	gracias	Hasta luego
Me llamo	Mucho gusto	Muy	Y usted

1.

2.

3.

4.

ctividades auditivas

Listening Comprehension Strategies

The following strategies will help you work successfully with the **Actividades auditivas** and will increase your listening comprehension abilities. We are including strategies here with **Paso A,** then again with **Capítulo 2,** and again in **Capítulo 7.** In time, you will be able to develop your own strategies for working with this material. Follow these steps to prepare for success with your first listening comprehension experience.

- First, find a well-lit place—one where you can listen and write comfortably, without interruptions. Make sure you have the audio controls of your CD/audio player as well as the *Cuaderno* within easy reach.
- Do not start until you are thoroughly familiar with your CD/audio player and feel comfortable using it.
- Open your *Cuaderno* and find the segment you will be listening to.
- If you are ready, we can begin with the first segment, **A. Los amigos.**

✳ Los nombres de los compañeros de clase

A. Los amigos. Professor Martínez is asking the students their names.

- Now that you are ready to start: Look at the accompanying drawing(s) and make a mental note of what's depicted. Then read everything that is printed for the segment. In addition to helping you determine what is expected of you, this procedure will aid you in "creating" a context.
- Relax while listening. Let your mind create scenes that correspond to what you're hearing. Listen just to enjoy the exposure to the spoken language. This additional exposure will result in increased confidence in real-life situations.
- Before listening a second time, make sure you know exactly what information you need to listen for to answer the activity questions. As you listen, try to focus on this information.
- The drawing shows you Professor Martínez with four students and you are told to write their names in order. Listen and complete the task; the names are already given so you do not need to worry about spelling. For this task, a good strategy is to number the printed names (instead of attempting to write them down), so that you can keep up with the dialogue.

Nombre __Noa Eckstein__ Fecha __Nov. 18/05__ Clase __Español 1__

oo-til

VOCABULARIO ÚTIL

pregunta   *asks*

La profesora Martínez les pregunta su nombre a los estudiantes.

❖ ❖ ❖

Listen to the dialogue between Professor Martínez and her students and write the names they mention in the order in which they are mentioned.

Students' names out of order: **Mónica,** **Carmen,** **Pablo,** and **Esteban.**

1. __Esteban__   2. __Carmen__   3. __Monica__   4. __Pablo__

✳ ¿Quién es?

B. ¡Muchos estudiantes! Alberto is a new student in Professor Martínez's Spanish class. He doesn't know the names of all his classmates yet, so Carmen is trying to help him.

 Now you are ready to go on. Again, look at the title and the drawing while you listen the first time to relax and enjoy the experience of hearing spoken Spanish. Then look at the **Vocabulario útil** section and read the introduction. Again you are to write some students' names, but this time you need to match each with a description of that person. Plan ahead for the second time you listen. A good strategy is to answer only two questions while listening this second time. This way, you will not feel that the speakers are leaving you behind. (Do remember that you may stop the CD/audio player any time you need to do so.) For instance, you may decide to answer only questions 2 and 4 to give you time to focus on listening for those answers. You can listen a third time to focus on the answers for questions 1 and 3. If you wish, or feel the need to do so, you may listen a fourth time to check your answers.

VOCABULARIO ÚTIL

conversan   *they are talking*
Pues…   *Well . . .*
estatura mediana   *medium height*

Alberto y Carmen conversan en la clase de español.

❖ ❖ ❖

(Continúa.)

Write the names of the people described.

The names out of order are: **Luis, Mónica, Nora,** and **Esteban.**

1. La chica de pelo rubio se llama __Mónica__.

2. El muchacho que lleva lentes es __Esteban__.

3. La muchacha de estatura mediana y pelo castaño se llama __Nora__.

4. El muchacho de pelo rizado y negro es __Luis__.

✳ Los colores y la ropa

C. **¿Qué ropa lleva?** Nora and Esteban are talking about the clothes that the other students and Professor Martínez are wearing today.

- On to segment **C. ¿Qué ropa lleva?** Start by looking at the title and the drawing as you listen the first time. Remember to let your mind create scenes that correspond to what you are hearing. Before listening again, read everything printed for this segment. Next, think of a strategy: You are required to read several statements and decide if they are true or false according to what you hear. A strategy similar to the one just used will work here. Listen a second time and attempt to answer only questions 2 and 4. Listen a third time to answer questions 1 and 3. Remember that you can listen as many times as you like to answer the questions, to verify your answers, or simply to enjoy listening to the segments now that you understand them better.

  For this segment you may not need to listen more than twice, but this is a good time to learn to use and create strategies like deciding to answer only two or three questions at a time. As the material increases in difficulty, listening strategies will be quite useful.

- Now you are ready to go on by yourself. We hope this guide will prove useful for you when doing the rest of the segments in this chapter (**Paso A**) as well as when doing the other two **Pasos** and **Capítulo 1**. A similar guide is included with **Capítulos 2** and **7**.

VOCABULARIO ÚTIL

hablan	*they are talking*
pero	*but*
Oye	*Hey*
¡Es muy elegante!	*It's very elegant!*

O - Ye

Nora y Esteban hablan de la ropa que llevan los estudiantes y la profesora.

❖ ❖ ❖

Listen to the conversation and then indicate whether the following statements are true or false (**cierto [C] o falso [F]**).

1. __C__ Lan lleva una blusa rosada.

2. __C__ Alberto lleva pantalones grises y una camisa anaranjada.

3. __F__ Luis lleva una chaqueta morada.

4. __F__ La profesora Martínez lleva un abrigo azul muy feo.

✳ Los números (0–39)

D. ¿Cuántos estudiantes? Today in Professor Martínez's class the students are counting the number of students wearing the same color clothing.

VOCABULARIO ÚTIL

cuentan	*they are counting*
mismo	*the same*
pantalones vaqueros	*jeans*

La profesora Martínez y los estudiantes de español cuentan las personas que llevan ropa del mismo color.

❖ ❖ ❖

Indicate the number of students wearing each article of clothing mentioned.

1. __4__ estudiante(s) lleva(n) blusa blanca.

2. __3__ estudiante(s) lleva(n) camisa de color café.

3. __26__ estudiante(s) lleva(n) pantalones vaqueros.

4. __15__ estudiante(s) lleva(n) zapatos de tenis.

5. __1__ estudiante(s) lleva(n) botas.

E. Los números. Professor Martínez is dictating numbers to her class today. Esteban is having problems understanding and asks her to repeat some numbers.

VOCABULARIO ÚTIL

¿Listos?	*Ready?*
Perdón	*Pardon me*
Más	*More*
solamente	*only*

La profesora Martínez practica los números con su clase de español.

❖ ❖ ❖

Listen to the interaction and write the numbers Professor Martínez dictates.

__5__ __9__ __18__ __39__ __26__ __4__ __15__ __34__ __23__ __20__

✳ Los mandatos en la clase

F. **Los mandatos en la clase de español.** You will hear part of Professor Martínez's 8:00 A.M. Spanish class at the University of Texas in San Antonio. The students are participating in a Total Physical Response activity.

VOCABULARIO ÚTIL

un poco	*a little*
ejercicio	*exercise*
ahora	*now*
rápido	*fast*
¡Alto!	*Stop!*
por favor	*please*

La profesora Martínez le da instrucciones a su clase de español.

Professor Martínez's commands to the class are out of sequence. Number the commands from 1 to 8 in the order that you hear them.

<u>2</u> Caminen.

<u>6</u> Canten «De colores».

<u>4</u> Corran.

<u>3</u> Salten.

<u>1</u> Pónganse de pie.

<u>8</u> Siéntense.

<u>7</u> Digan «Buenos días».

<u>5</u> Bailen.

✳ Los saludos

G. **Los saludos.** Professor Martínez is greeting her students.

¡Buenos días!

VOCABULARIO ÚTIL

saluda	*she greets*
¡Qué bueno!	*Wonderful!*
siempre	*always*

La profesora Martínez saluda a sus estudiantes.

¿Cierto (**C**) o falso (**F**)?

1. <u>C</u> La profesora les dice «Buenos días» a los estudiantes.

2. <u>F</u> La profesora no está bien hoy.

3. <u>C</u> Luis está muy bien, y Mónica, excelente.

4. <u>F</u> Esteban siempre está muy mal.

H. Las despedidas. After class, Professor Martínez is saying good-bye
to her students.

¡Hasta mañana!

VOCABULARIO ÚTIL

Hasta mañana	*See you tomorrow*
Hasta pronto	*See you soon*
¡Nos vemos!	*We'll see you!*
¿Cómo se dice… ?	*How do you say . . . ?*
¡Hasta la próxima!	*Catch ya later!*

Después de la clase, la profesora Martínez se despide de sus estudiantes.

❖ ❖ ❖

Listen to the dialogue and number the «good-byes» in the order that you hear them.

___6___ ¡Hasta la próxima!   ___5___ Nos vemos.   ___4___ Hasta pronto.

___1___ ¡Hasta mañana!   ___2___ Adiós.   ___3___ Hasta luego.

Pronunciación y ortografía

Pronouncing and Writing Spanish: Preliminaries

NOTE: In this section of the text (and in **Ejercicios de pronunciación** and **Ejercicios de ortografía**),
only the actual exercise material will be heard on the audio program. You should stop and read the
introductions before doing the exercises.

Here are some preliminary pronunciation rules to help you pronounce Spanish words. They will be
especially useful if you need to pronounce a word you have not heard yet. Each rule will be explained in
more detail in subsequent pronunciation and orthographic exercises.

I. VOWELS

The Spanish vowels are **a, e, i, o,** and **u.** They are pronounced as very short crisp sounds. Do not draw
them out as sometimes happens in the pronunciation of English vowels. The following vowel sounds are
approximate equivalents.

	SPANISH	ENGLISH
a	c<u>a</u>sa	f<u>a</u>ther
e	p<u>e</u>lo	w<u>ei</u>ght
i	s<u>í</u>	ch<u>ea</u>p
o	c<u>o</u>mo	wr<u>o</u>te
u	m<u>u</u>cho	L<u>u</u>ke

II. CONSONANTS

The pronunciation of most Spanish consonants is close to that of English. However, Spanish sounds are never exactly the same as English sounds. For this reason the following rules are offered only as guidelines.

A. The pronunciation of these consonants is almost identical in Spanish and English.

	SPANISH	SOUNDS LIKE ENGLISH		SPANISH	SOUNDS LIKE ENGLISH
ch	chile	chili	n	no	no
f	fuente	fountain	p	patio	patio
l	lámpara	lamp	s	sopa	soup
m	mapa	map	t	tiempo	time

B. These consonants have more than one pronunciation in Spanish, depending on the letter that follows.

	SPANISH	SOUNDS LIKE ENGLISH	ENGLISH MEANING
c	carro	k before **a, o, u**	car
c	círculo	s, or c before **e, i***	circle
g	general	h followed by **e, i**	general
g	gas	g followed by **a, o, u,** pronounced softer than in English	gas (*element*)
x	taxi	ks before a vowel	taxi
x	experto	s before a consonant	expert

C. The sounds of these Spanish consonants are almost identical to sounds in English that are represented by different letters.

	SPANISH	SOUNDS LIKE ENGLISH	ENGLISH MEANING
q	qué	k when followed by **ue, ui;** never kw	what
z	zoológico	s; never **z***	zoo

D. The sounds of these Spanish consonants are similar to English sounds that are represented by different letters.

	SPANISH	SOUNDS LIKE ENGLISH	ENGLISH MEANING
d	padre	father	father
j	ja ja	ha ha	ha ha
ll	llama	yes	call(s)
ñ	cañón	canyon	canyon

---

*In some regions of Spain, **c** before **e** or **i** and **z** are pronounced like the English th.

E. These Spanish sounds have no close or exact English equivalents.

SPANISH		PRONUNCIATION	ENGLISH MEANING
b, v	ca<u>b</u>eza	Similar to English *b* but	*head*
	ca<u>v</u>ar	softer; lips do not always close. No difference between *b* and *v* in Spanish	*to dig*
r	pa<u>r</u>a	Single tap of the tongue	*for*
rr	pe<u>rr</u>o	Trill	*dog*

F. In Spanish **h,** and **u** in the combination **qu,** are always silent.

	SPANISH	ENGLISH MEANING
h	ℏablar	*to talk*
u *in* qu	qℏe	*that*

✳ Ejercicios de pronunciación

RHYTHM AND INTONATION

A. Listen to the sentences in the following dialogues and note the difference between English stress-timed rhythm and Spanish syllable-timed rhythm. Note especially that each syllable in Spanish seems about equal in length when pronounced.

Hello, how are you?
Fine, thanks. And you?
I'm fine. Are you a friend of Ernesto Saucedo?
Yes, he's a very nice person and also very intelligent.

Hola, ¿cómo está usted?
Muy bien, gracias. ¿Y usted?
Estoy bien. ¿Es usted amigo de Ernesto Saucedo?
Sí, es una persona muy simpática y muy inteligente también.

B. Listen and then pronounce the following sentences. Concentrate on making the syllables equal in length.

1. Carmen lleva una chaqueta azul.
2. Luis tiene el pelo negro.
3. La profesora Martínez es muy bonita.
4. Alberto lleva una camisa verde.
5. Los pantalones de Nora son blancos.

Las descripciones

Paso B

Actividades escritas

✳ Hablando con otros

Lea Gramática B.1.

A. Complete estos diálogos. Use **tú** o **usted** y **está** (polite) o **estás** (informal).

1. Dos amigos, Alberto y Nora, están en la universidad.

ALBERTO: Hola, Nora. ¿Cómo ___estás___?

NORA: Bien, Alberto. ¿Y ___tú___?

ALBERTO: Muy bien, gracias.

2. Esteban, un estudiante, y la profesora Martínez están en la oficina.

PROFESORA MARTÍNEZ: Buenos días, Esteban. ¿Cómo ___esta___ ___usted___?

ESTEBAN: Muy bien, profesora Martínez. ¿Y ___usted___?

PROFESORA MARTÍNEZ: Bien, gracias.

3. El señor Pedro Ruiz habla con Ernestito, un niño pequeño.

SEÑOR RUIZ: Hola, Ernestito. ¿Cómo ___estas___?

ERNESTITO: Bien, gracias. ¿Y ___esta___?

SEÑOR RUIZ: Muy bien, gracias.

✳ Las cosas en el salón de clase y los números (40–69)

Lea Gramática B.2–B.4.

B. Diga qué cosas hay en su salón de clase y cómo son. Aquí tiene usted algunas palabras útiles.

blanco/a	fácil	moderno/a	pequeño/a
bonito/a	feo/a	negro/a	verde
difícil	grande	nuevo/a	viejo/a

MODELO: Hay una pizarra verde.

1. _Hay_ una mesa pequeña
2. Hay una techo grande y blanco
3. Hay un piso viejo y feo
4. Hay unas luces nuevas
5. Hay una ventana grande

C. Cambie estas oraciones afirmativas a oraciones negativas. *Remember to place* **no** *before the verb.*

MODELO: Alberto es bajo. → *Alberto no es bajo.*

1. Carmen tiene el pelo largo. _Carmen no tiene el pelo largo._
2. Mónica es muy gorda. _Monica no es muy gorda._
3. Esteban tiene bigote. _Esteban no tiene bigote._
4. Nora tiene barba. _Nora no tiene barba._
5. Luis y Alberto son feos. _Luis y Alberto no son feos._

✳ El cuerpo humano

Lea Gramática B.5.

D. Complete correctamente.

1. En la _cara_ tenemos los _ojos_, la _naris_ y
la _boca_.

2. En la _cavesa_ tenemos el _pelo_ y dos
orejas.

Nombre _Noa Eckstein_____ Fecha _9/17/05___ Clase _Español_____

3. En el ___cuerpo humano_ tenemos la ___cavesa___, el ___cuello___, los ___brazos___, las ___Manos___,

las ___piernas_ y los ___pies_____.

✳ La descripción de las personas

Lea Gramática B.5.

E. Describa a dos personas de su familia o a dos compañeros de clase, un hombre y una mujer.

MODELO: Mónica lleva un suéter amarillo y zapatos de tenis. Es alta. Tiene el pelo rubio y los ojos azules. Es inteligente y simpática.

Remember to use **tiene** (*has*) and **es** (*is*) with descriptions and **lleva** (*is wearing*) with clothing. Here are some words and phrases you might want to use.

tiene: pelo castaño, pelo corto, pelo largo, pelo negro, pelo rubio, ojos azules, ojos castaños, ojos verdes, barba, bigote
lleva: una blusa blanca, una falda nueva, pantalones cortos, un vestido bonito, zapatos de tenis
es: divertido/a, entusiasta, generoso/a, idealista, reservado/a, tímido/a, trabajador(a)

1. Mi madre, Chana lleva una blusa cafe y negra y pantalones cremas. Tambien, lleva zapatos de tenis. Mi madre es alta. Tiene el pelo cortes. El pelo es cafe. Tiene tambien ojos cafe. Mi madre es muy intelligente. Esta professora de psychologia y es estudiante en la universidad de UCLA.

2. Mi hermano, Omer, es muy timido pero muy beeno y muy intelligente. Tiene quince años y esta estudiante en la escuela de Hollywood High. Mi hermano es alto con pelo y ojos cafes. En la deportes, mi hermano jugar basquetbol, futbol, y correr por la escuela

Paso B   **17**

◤ REPASO DE PALABRAS Y FRASES ÚTILES

Complete estas conversaciones con la palabra o frase apropiada según la situación.

Cuánto cuesta(n)…   gracias   tímido/a
divertido/a   perezoso/a   trabajador(a)

1.

2.

3.

4.

5.

6.

Actividades auditivas

✳ **Hablando con otros**

A. Conversaciones en la universidad. Listen to the following short conversations at the University of Texas in San Antonio. Note that some speakers are using polite (**usted**) and others are using informal (**tú**) forms of address.

VOCABULARIO ÚTIL

Varias	*A few*
El secretario	*Secretary*
Tengo	*I have*

Varias conversaciones en la Universidad de Texas en San Antonio

Indicate whether each conversation is formal or informal by writing **tú** or **usted.**

1. __Usted__ el secretario y la profesora Martínez

2. __Tú__ el profesor López y la profesora Martínez

3. __Tú__ los estudiantes Alberto Moore y Esteban Brown

4. __Usted__ la profesora Martínez y su estudiante, Esteban

B. Los vecinos. Ernesto Saucedo is greeting Mrs. Silva, one of his neighbors.

VOCABULARIO ÚTIL

hoy	*today*
¡Qué amable!	*How nice of you!*

Ernesto Saucedo saluda a su vecina, la señora Rosita Silva.

(Continúa.)

Listen to the dialogue and indicate which character is described by the following phrases: Ernesto (**E**), doña Rosita (**R**), or both (**los dos [LD]**).

1. _R_ Lleva un vestido azul.

2. _E_ Su corbata es elegante.

3. _LD_ Está bien.

4. _LD_ Es amable.

✳ Las cosas en el salón de clase y los números (40–69)

C. El primer día de clase. Ernestito is the eight-year-old son of Ernesto and Estela Saucedo. He has just returned from his first day at school this fall; his mother is asking about his classroom and the objects in it.

VOCABULARIO ÚTIL

la escuela	*school*
todos	*all*
tienen	*have*
tenemos	*we have*
la maestra	*teacher*

Estela Ramírez de Saucedo habla con su hijo Ernestito de su primer día en la escuela.

❖ ❖ ❖

Indicate which items are found in Ernestito's classroom by writing **Sí** or **No** under each drawing.

1. _No_

2. _Sí_

3. _No_

4. _Sí_

5. _Sí_

6. _No_

7. _Sí_

8. _No_

9. Sí   10. Sí   11. Sí   12. No

D. Las cosas en el salón de clase. Professor Martínez has asked the class to number drawings of classroom objects. Esteban has trouble following her instructions and asks for help. (*Attention:* Objects are not in order. Look for the object mentioned before writing the number underneath.)

VOCABULARIO ÚTIL

los dibujos	*drawings*
¿Comprenden?	*Do you understand?*
debajo de	*underneath*
finalmente	*finally*

La profesora Martínez habla de las cosas en el salón de clase.

❖ ❖ ❖

Write the numbers that Professor Martínez says in the blank below the appropriate drawing.

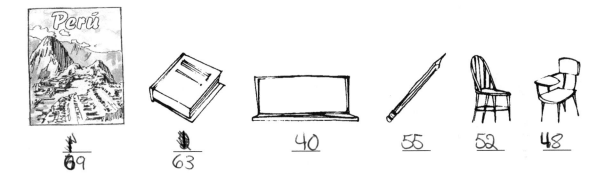

69   63   40   55   52   48

✳ El cuerpo humano

E. Una actividad… ¡diferente! The students in Professor Martínez's class are doing a TPR activity.

VOCABULARIO ÚTIL

¡Alto!	*Stop!*
Tóquense	*Touch*
pónganse	*put*
rápidamente	*quickly*

La profesora Martínez le da instrucciones a su clase de español.

❖ ❖ ❖

(Continúa.)

Listen to what Professor Martínez says and number the parts of the body in the order that she mentions them in this TPR sequence.

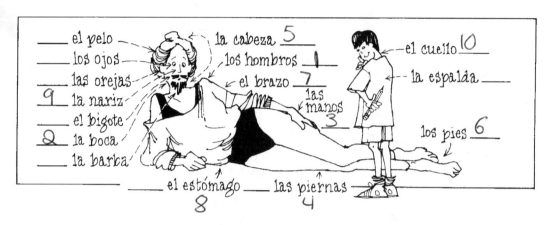

el pelo ____
los ojos ____
las orejas ____
la nariz 9
el bigote ____
la boca 2
la barba ____

la cabeza 5
los hombros 1
el brazo 7
las manos 3

el cuello 10
la espalda ____
los pies 6

el estómago 8
las piernas 4

✳ La descripción de las personas

⭐ **F.** **El estudiante francés.** Nora and Mónica are talking about the new French foreign exchange student at the university.

VOCABULARIO ÚTIL

¡Qué romántico!	*How romantic!*
Es verdad	*That's true*
¡Qué lástima!	*What a pity!*

Nora y Mónica hablan de un estudiante francés.

❖ ❖ ❖

¿Cierto (**C**) o falso (**F**)?

1. **F** El chico se llama Pierre.

2. **C** Él es alto y delgado.

3. **F** Jean Claude habla francés y español.

4. **C** El (idioma) francés es muy romántico.

G. **¿Quién en la clase… ?** Professor Martínez is showing pictures to her class. She describes the people in the pictures and some of the students.

VOCABULARIO ÚTIL

las láminas	*pictures*
esta	*this*
hace preguntas	*asks questions*

La profesora Martínez describe láminas y a los estudiantes en la clase.

❖ ❖ ❖

Match the following people with their description in the dialogue. There may be more than one answer.

1. _D, G_ Alberto
2. _C, F, B_ Mónica
3. _A, E_ Esteban

   a. hace preguntas
   b. cómica
   c. tiene los ojos azules
   d. alto, delgado

   e. divertido
   f. talentosa
   g. tiene barba

✳ ¡A repasar!

H. Carmen necesita ropa nueva. Carmen Bradley is shopping at a store in a Hispanic neighborhood. She is trying to practice her Spanish by asking the clerk about prices.

VOCABULARIO ÚTIL

la tienda de ropa	*clothing store*
el vecindario hispano	*Hispanic neighborhood*
¿En qué puedo servirle?	*How may I help you?*
¿cuánto cuesta?	*how much does it cost?*
los precios	*prices*

Carmen Bradley está en una tienda de ropa en un vecindario hispano. Ella pregunta cuánto cuesta la ropa.

❖ ❖ ❖

Answer the following questions.

1. ¿Cuánto cuesta la falda blanca?   Cuesta $ _58.00_ .
2. ¿Es grande o pequeña la blusa roja?   Es _pequeña_ .
3. ¿Cuánto cuesta el vestido azul?   Cuesta $ _69.50_ .
4. ¿Es corto o largo el vestido?   Es _largo_ .
5. ¿Cómo es la ropa de la tienda?   Es muy _Elegante_ .

Ⓟronunciación y ortografía

✳ Ejercicios de pronunciación

VOWELS

A. Vowels in Spanish are represented by five letters: **a, e, i, o,** and **u.** Listen to the vowel sounds in these words.

a   m<u>e</u>sa, l<u>a</u>rgo, <u>a</u>zul, <u>a</u>brigo
e   caf<u>é</u>, cl<u>a</u>se, n<u>e</u>gro, muj<u>e</u>r
i   s<u>í</u>, t<u>i</u>za, l<u>i</u>bro, r<u>i</u>zado

o   man<u>o</u>, pel<u>o</u>, c<u>o</u>rto, r<u>o</u>jo
u   l<u>u</u>z, bl<u>u</u>sa, m<u>u</u>cho, g<u>u</u>sto

(Continúa.)

All of the vowels in Spanish are relatively short, unlike the vowels in English. English has both short vowels (as in the words *hit, pet, sat, but*) and long vowels (as in the words *he, I, ate, who, do*). Notice that in English the word *go* is pronounced like *gow* and the word *late* as if it were *layte*. Such lengthening of vowel sounds, typical in English, does not occur in Spanish.

B. Listen and compare the following English and Spanish vowel sounds.

ENGLISH	SPANISH		ENGLISH	SPANISH
day	de		*low*	lo
say	sé		*mellow*	malo

C. Listen and then repeat the following words. Concentrate on producing short vowel sounds in Spanish.

a tarde, amiga, camisa, mano, llama
e camine, cante, pelo, presidente, generoso
i idealista, inteligente, bonita, simpático, tímido
o noche, compañero, ojo, otro, como, boca
u pupitre, azul, su, usted, blusa

D. Now listen and pronounce the following sentences. Remember to produce short vowels and use syllable-timed rhythm.

1. Esteban es mi amigo.
2. Yo tengo dos perros.
3. Mi novio es muy guapo.

4. Nora es muy idealista.
5. Usted es una persona reservada.

✳ Ejercicios de ortografía[1]

INTERROGATIVES: ACCENT MARKS

When writing question words (*who?, where?, when?, why?, how?*) in Spanish, always use question marks before and after the question and write an accent mark on the vowel in the stressed syllable of the question word.

Listen and then write the question words you hear beside the English equivalents.

1. How? ¿Cómo?
2. What? ¿Qué?
3. Who? ¿Quién?

4. How many? ¿Cuántos?
5. Which? ¿Cuál?

---

[1]Ejercicios... *Spelling Exercises*

Mi familia y mis amigos

Paso C

Actividades escritas

✳ La familia

Lea Gramática C.1, especialmente las secciones B y C.

A. Complete las oraciones con los nombres apropiados.

1. Los padres de mi padre (mis abuelos) se llaman ___Frank_____ y ___Asher Jen____.

2. Los padres de mi madre (mis otros abuelos) se llaman ___Abraham_____ y ___Aida_____.

3. Mi padre se llama ___Emanuel_____.

4. Mi madre se llama ___Chana_____.

5. El hermano / La hermana de mi padre (mi tío/a) se llama ___Joey_____. Es ___Casado_____ (casado/a, soltero/a). Tiene ___cero____ hijos (mis primos). Se llaman ___(no sey)_____.

6. El otro hermano / La otra hermana de mi padre (mi tío/a) se llama ___no se_____ y es (casado/a, soltero/a). Tiene ___cero____ hijos (mis primos). Se llaman ___no se_____.

7. Yo me llamo ___Noa_____. Soy ___Casada_____ (soltero/a, casado/a).

8. Tengo ___uno____ hermanos. Se llaman ___Omer_____.

B. Ahora describa a los miembros de su familia.

MODELO: ¿Mi papá? → *Es inteligente y generoso.*

cómico/a	generoso/a	inteligente	reservado/a	sincero/a
divertido/a	idealista	moderno/a	simpático/a	¿ ?

1. ¿Mi hermano/a? _Es alto y intelligente_
2. ¿Mi esposo/a (novio/a)? _Mi novio es muy guapo._
3. ¿Mi mamá? _Es simpatica y sincera_
4. ¿Mi abuelo/a? _Mi abuelo es simpatica_
5. ¿Mi hijo/a (sobrino/a)? _Mi sobrina es timida_

✳ ¿Qué tenemos?

Lea Gramática C.1–C.2.

C. ¿De quién son estas cosas?

> MODELO: Los pantalones viejos *son de Guillermo.*

Guillermo

1.
La profesora

2.
Graciela

3.
Ernestito

1. El libro de español _es de la Profesora_
2. El vestido nuevo _es de Graciela_
3. Los zapatos de tenis _son de Ernestito_

4.
Carmen

5.
doña Lola

6.
Pablo

4. El coche deportivo nuevo _es de Carmen_
5. Los perros _son de doña Lola_
6. Las plantas _son de Pablo_

D. Diga quién en su familia tiene estas cosas. Use **tengo, tiene, tienes, tenemos.**

MODELO: Mi hermano → *Mi hermano tiene un coche.*

botas negras	un sombrero viejo	una casa vieja
muchos libros	un suéter blanco	una chaqueta anaranjada
pantalones azules	una bicicleta roja	una falda nueva
un coche nuevo		

1. Yo _tengo botas negras_
2. Mi papá _tiene un sombrero viejo_
3. Mi mamá _tiene muchos libros_
4. Mis hermanos/as _tienen una bicicleta roja_
5. Mi hermano y yo _tenemos pantalones azules_

✳ Los números (10–100) y la edad

Lea Gramática C.3.

E. Diga la edad.

MODELO: ¿Cuántos años tiene su padre? → *Mi padre tiene cincuenta y nueve años.*

1. ¿Cuántos años tiene usted?
   Tengo diecenueve años

2. ¿Cuántos años tiene su profesor(a)?
   No se cuántos años mi profesora tiene. ¿cuarenta? cincue

3. ¿Cuántos años tiene su hermano/a o su hijo/a?
   Mi hermano tiene quince años.

4. ¿Cuántos años tiene su mejor amigo/a?
   Mi mejor amigo tiene vientitres años en Octubre

5. ¿Cuántos años tiene su madre o su padre?
   Mi madre tiene sesenta y cuatro años.

F. ¿Cómo se escribe el total?

MODELO: veinticinco + veinticinco = _C I N C U E N T A_ = _50_

1. treinta y cinco + treinta y cinco = _S E T E N T A_ = _70_
2. setenta y uno + cinco + catorce = _N O V E N T A_ = _90_
3. diez + cincuenta + veinte = _O C H E N T A_ = _80_
4. ochenta y dos + ocho + diez = _C I E N_ = _100_

SUMA TOTAL = _340_

✳ Los idiomas y las nacionalidades

Lea Gramática C.4–C.5.

G. Complete las oraciones con palabras que describan el idioma, la nacionalidad o el país.

MODELO: Gabriel García Márquez es de Colombia y habla _**español**_.

1. Steffi Graff es una tenista __Americana__ y habla __Ingles__.

2. Hosni Mubarak, el primer ministro de Egipto, es __Egiptonese__ y habla __Egiptese__.

3. En Tokio hablan __Japones__; es la capital de __Japon__.

4. En Roma hablan __Italianese__; es la capital de __Italia__.

5. Nelson Mandela es __Mexicano__ y habla __Español__ y xhosa.

6. Madrid es una ciudad __españasa__; es la capital de __españa__.

7. En Inglaterra, los Estados Unidos y Australia hablan __Ingles__.

8. Celine Dion es canadiense. Habla __canadienses__ y __Ingles__.

H. Diga si son ciertas (**C**) o falsas (**F**) estas afirmaciones. Si son falsas, diga por qué.

MODELO: Pilar dice: «Tengo un coche alemán y hablo alemán.» →
F. Pilar habla alemán, pero no tiene coche.

1. __C__ La mujer que tiene un Toyota es de Bogotá, Colombia, y habla tres idiomas.

   _____

2. __C__ La mujer que habla alemán es de Madrid.

   _____

3. __F__ El hombre de México no habla francés, pero habla inglés y español.

   Se hable Frances y espanol para no habla inglés

4. __C__ Estela y Ernesto Saucedo dicen: «Los dos hablamos francés, pero Ernesto no habla inglés.»

_____

5. __F__ Susana dice: «Tengo un coche japonés, pero no hablo japonés.»

_Tiene un coche japonés, pero sí hable japonés_____

▶ REPASO DE PALABRAS Y FRASES ÚTILES

Complete las conversaciones con la frase adecuada según la situación. Use todas las frases.

apellido   Cómo cambia el mundo   De quién es/son…   Perdón

¡ _Como cambia el mundo_ !

¡Es una fiesta muy divertida!

1.

¡ _Perdón_ (Lo siento) !

2.

¿Cuál es su _llamo apellido_

Me llamo Raúl Saucedo. Mi _apellido_ es Saucedo.

3.

¿ _De que son_ estos cien dólares?

4.

Resumen cultural

Repase **Sobre el artista,** las cronologías y **¡Ojo!** de los **Pasos A, B** y **C.** Luego complete cada oración con un nombre, una palabra o una frase de la lista.

el apellido de la madre	Fernando Botero	Fernando Valenzuela	2000
el apellido del padre	los indígenas cuna	Sergio Velázquez	
Antonio Banderas	los indígenas nicaraos	ˋ 1914	

1. _____ de Panamá son famosos por sus molas, de muchos colores.

2. _____ es un artista de Nicaragua que pinta mujeres gordas.

3. _____ es un artista colombiano que también pinta figuras gordas.

4. En el nombre Raúl Saucedo Muñoz, Saucedo es _____.

5. En el nombre Raúl Saucedo Muñoz, Muñoz es _____.

6. Panamá asume control del canal en el año ___1914___.

Actividades auditivas

✳ La familia

A. La familia de Luis. Luis Ventura is talking about his family with Professor Martínez.

VOCABULARIO ÚTIL

travieso	*mischievous*
en total	*total, in all*

Luis Ventura habla de su familia con la profesora Martínez.

❖ ❖ ❖

Escriba los nombres de los padres y los hermanos de Luis.

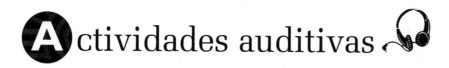

Albaro Ventura   Lisa Méndez de Ventura

Luis   Diana   Tony

B. El álbum de fotos. Professor Martínez brought her photo album to class and is now showing photos of her relatives to her students.

VOCABULARIO ÚTIL

muestra	*shows*
calvo	*bald*
la novia	*girlfriend*
¡Qué pena!	*Oh, darn!; What a bummer!*
querida	*dear*

La profesora Martínez le muestra su álbum de fotos a la clase.

¿Quiénes son los parientes de la profesora Martínez? Indique qué pariente es al lado de cada nombre en el álbum de fotos: el sobrino, la mamá o el hermano.

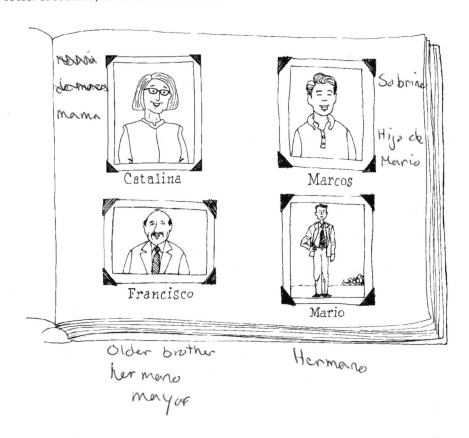

✳ ¿Qué tenemos?

C. Después de la fiesta. Álvaro and Lisa Ventura, Luis's parents, are cleaning up their house the morning after a party. Many of their son's friends attended the party and forgot some of their belongings.

Álvaro y Lisa Ventura están en su casa después de una fiesta. Hay muchas cosas de los amigos de Luis.

Diga qué cosas hay en casa de los señores Ventura y de quiénes son.

COSAS	ES/SON	
1. La _Chaqueta negra_	_es de_	de Alberto.
2. La _bolsa amarilla_	_es de_	de Mónica.
3. El _sueter morado_	_es de_	de Carmen.
4. Los _lentes del sol_	_son de_	de Esteban.

✳ Los números (10–100) y la edad

D. En la tienda de ropa. Carla Espinosa and Rogelio Varela are students at the University of Puerto Rico, Río Piedras campus. Today they are taking inventory in the clothing store El Encanto, where they work.

Carla Espinosa y Rogelio Varela son estudiantes en la Universidad de Puerto Rico en Río Piedras. También son dependientes en la tienda de ropa El Encanto.

Escuche la conversación e indique la cantidad de cada artículo de ropa que Carla y Rogelio cuentan.

1. _89_ pantalones

2. _57_ camisas

3. _19_ blusas

4. _72_ faldas

5. _15_ trajes para hombre

6. _60_ vestidos

7. _2_ pantalones cortos

8. _8_ pantalones largos

E. La edad de los estudiantes. Professor Martínez asks her students how old they are.

VOCABULARIO ÚTIL

menos	*fewer; less*
la pregunta	*question*
treinta y… muchos	*thirty plus*

La profesora Martínez habla de la edad con sus estudiantes.

❖ ❖ ❖

Escriba el nombre y la edad de cada persona mencionada en la conversación.

PERSONA	EDAD
1. Alberto	31 años.
2. Nora	25 años.
3. Esteban	19 años.
4. Professora Martínez	30⁺ años

✳ Los idiomas y las nacionalidades

F. El Club Internacional. There is an International Club at the University of Texas in San Antonio. Students from different countries meet at this club to share ideas about their cultures. Professor Martínez and her friend, Professor Alejandro López, are attending a Club party.

VOCABULARIO ÚTIL

Oye	*Listen*
cerca de	*near*
se comunican	*they communicate*
los mexico-americanos	*Mexican Americans*

Hay un Club Internacional en la Universidad de Texas en San Antonio. Ahora la profesora Martínez y el profesor López están en una fiesta del Club.

❖ ❖ ❖

(Continúa.)

Complete la tabla con la información del diálogo. Los nombres de los estudiantes son **Petra, Nora, Hugo, Vikki, Esteban** y **Brigitte.**

NOMBRE	DESCRIPCIÓN	NACIONALIDAD
1. *Petra*	*mediana, pelo rubio*	Alemana
2. Hugo	*pelo castaño*	*argentino*
3. *Vikki*	pelo negro	China
4. Brigitte	pelo rojo	*francesa*
5. *Nora*	*estudiante de la profesora Martínez*	Mexico - Americana
6. Esteban	muy comico	*norteamericano*

✳ ¡A repasar!

G. Las corbatas del abuelo

Susana Yamasaki de González tiene dos hijos y vive con sus padres en Lima, Perú. Ahora conversa con su hijo menor, Andrés, que tiene nueve años.

¿Cierto (**C**) o falso (**F**)?

1. __C__ El abuelo de Andrés tiene corbatas amarillas, rosadas, azules y anaranjadas.

2. __F__ El abuelo tiene gusto de viejo.

3. __F__ El abuelo tiene 62 años.

4. __C__ Para Andrés, la moda de muchos colores es moda japonesa.

5. __C__ La ropa negra es la ropa de moda de los jóvenes peruanos.

(P)ronunciación y ortografía

✳ Ejercicios de pronunciación

PRONUNCIACIÓN: ll, ñ, ch

The letter **ll** (**elle**) is pronounced the same as the Spanish letter **y** by most speakers of Spanish and is very similar to the English *y* in words like *you, year.*

A. Listen and then pronounce the following words with the letter **ll.**

llama, amarillo, lleva, ellas, silla

The letter **ñ** is very similar to the combination *ny* in English, as in the word *canyon.*

B. Listen and then pronounce the following words with the letter **ñ.**

castaño, niña, señor, año, compañera

The combination **ch** is considered a single letter in Spanish. It is pronounced the same as *ch* in English words such as *chair, church.*

C. Listen and then pronounce the following words with the letter **ch.**

chico, chaqueta, muchacha, ocho

D. Concentrate on the correct pronunciation of **ll, ñ,** and **ch** as you listen to and pronounce these sentences.

1. La niña pequeña lleva una blusa blanca y una falda amarilla.
2. La señorita tiene ojos castaños.
3. Los niños llevan chaqueta.
4. El niño alto se llama Toño. *Toño*
5. El chico guapo lleva una chaqueta gris.

ll = y

ñ = ny/e/a/i/o/u

ch = ch/a/e/i/o/u

✳ Ejercicios de ortografía

NEW LETTERS: ll, ñ, ch

A. Listen and write the words you hear with the letter **ñ.**

1. [El] niño
2. [La] niña
3. [La] Señorita
4. [El] Señor
5. [La] Compeñera de clase

B. Now listen and write the words you hear with the letter **ll.**

1. llama
2. Amarillo
3. silla
4. Ella
5. Apellido

C. Listen and write the words you hear with the letter **ch.**

1. _chico_   3. _escuchan_   5. _coche_

2. _muchacha_   4. _chaqueta_

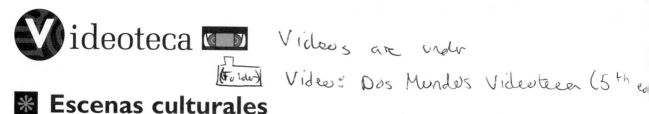

Videoteca

Videos are under Video: Dos Mundes Videoteca (5th ed)

✳ Escenas culturales

Panamá

VOCABULARIO ÚTIL	
istmo	*isthmus*
une	*connects*
interoceánico/a	*interoceanic*
el mar Caribe	*Caribbean sea*
el Océano Pacífico	*Pacific Ocean*
las edificaciones	*constructions*

Lea estas preguntas y luego vea el video para contestarlas.

1. Panamá es el istmo que _B_.

 a. une a América Central con el mar Caribe
 b. une a América Central con América del Sur
 c. une a Panamá con América Central

2. La gente de Panamá es muy _C_.

 a. agresiva   b. tacaña   c. simpática

Nicaragua

VOCABULARIO ÚTIL	
el terremoto	*earthquake*
el mercado artesanal	*craft market*
la arquitectura colonial	*colonial architecture*
los volcanes	*volcanos*
el lago	*lake*
las islas habitadas	*inhabited islands*
la poesía	*poetry*
sencillo/a	*uncomplicated*
valiente	*brave*

Lea estas preguntas y luego vea el video para contestarlas.

3. La capital de Nicaragua es ___B___.

   a. Granada   b. Masaya   c. Managua

4. Una ciudad de arquitectura colonial es ___A___.

   a. Granada   b. Masaya   c. Momotombo

5. Nicaragua tiene más de ___B___ volcanes.

   a. 14   b. 40   c. 60

Colombia

VOCABULARIO ÚTIL

la capital	*capital (city)*
la economía estable	*stable economy*
la industria textil	*textile industry*
la playa	*beach*
el valle	*valley*
la montaña	*mountain*
el carnaval	*carnival*
el desfile	*parade*
el festival	*festival*
el baile	*dance*

Lea estas preguntas y luego vea el video para contestarlas.

6. La capital de Colombia es ___B___.

   a. Medellín   b. Bogotá   c. Cartagena

7. ___C___ son elementos muy importantes en la cultura de Colombia.

   a. El drama y la política
   b. Los carnavales y las montañas
   c. La música y el baile

✳ Escenas en contexto

Sinopsis
Un niño de seis años y su madre hablan con una
nueva vecina.

VOCABULARIO ÚTIL

encantada	*pleased (to meet you)*
bienvenido/a	*welcome*

Lea estas preguntas y luego vea el video para
contestarlas.

(Continúa.)

A. ¿Cierto (**C**) o falso (**F**)?

1. _C_ El niño se llama Roberto.

2. _F_ La nueva vecina se llama Mariela Castillo.

3. _C_ Mariela Castillo es soltera.

4. _F_ La madre del niño se llama Margarita Saucedo.

B. Complete con la información correcta.

1. El niño se llama _Roberto_.

2. Describa a la nueva vecina. Es _viejo_.

3. Describa a la madre. Es _Simpática_.

Los datos personales y las actividades

Capítulo 1

(A)ctividades escritas ✐

✳ Las fechas y los cumpleaños

Lea Gramática 1.1.

A. Escriba la fecha de nacimiento de estas personas.

MODELO: Adriana: 17 de abril →
Adriana nació el diecisiete de abril de mil novecientos setenta y uno.

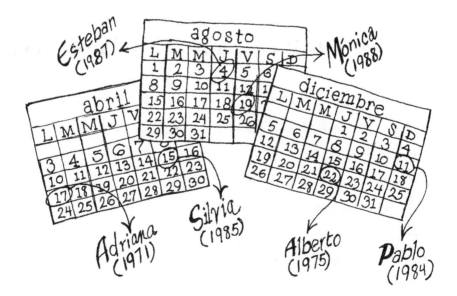

1. Silvia _nacia el quince de mil novecientos ochenta y cinco_
2. Alberto _nacio el vientedos de diciembre de mil novecientos setenta y cinco_
3. Pablo _nacio el once de diciembre de mil novecientos ochenta y cuatro_
4. Mónica _nacia el decinueve de agosto de mil novecientos ochenta y ocho_
5. Esteban _nacio el quatro de agosto de mil novecientos ochenta y siete_

Ahora diga cuándo es el cumpleaños de algunos miembros de su familia.

MODELO: Mi *tío* Paul nació el *catorce de abril.*

1. _Mi madre chana nacia el vientinueve de abril_
2. _Mi hermano nacio el quince de Juni_
3. _Mi padre nacio de vientocho de Octubre_

¿Y cuándo nació usted? Yo nací _de trienta de Octubre_

B. ¿Qué fechas son éstas? Escriba los números.

1. Cortés conquistó a los aztecas en ___1521___ (mil quinientos veintiuno).

2. La fecha de la independencia de varios países de América Latina es ___1821___ (mil ochocientos veintiuno).

3. Los Estados Unidos nació en ___1776___ (mil setecientos setenta y seis).

4. El año de las Olimpíadas en Atenas, Grecia, es ___2004___ (dos mil cuatro).

5. En mi opinión, el año más importante es 19_8_ _5_ (mil novecientos _ochenta y_ ___cinco___), porque yo nací en ese año.

❇ Datos personales: El teléfono y la dirección

Lea Gramática C.5, 1.2–1.3.

C. Hágales preguntas a estas personas.

MODELO: profesora Martínez / hablar: *¿Habla (usted) francés, profesora Martínez?*

1. Esteban / estudiar español: _¿Estudia español, Esteban?_
2. Nora y Luis / leer novelas: _¿Lean novelas, Nora y Luis?_
3. profesor(a) / vivir en una casa: _¿Vive en una casa, professora?_
4. Pablo / comer en la cafetería: _¿Comes en la cafetería, Pablo?_
5. profesora Martínez / cantar: _¿Cantas, profesora Martínez?_

D. Ernestito le hace preguntas a su madre, Estela. Use la siguiente información para formar las preguntas de Ernestito. No olvide (*Don't forget*) usar estas palabras: **¿cuándo?, ¿cómo? ¿cuántos?, ¿dónde?** y **¿qué?**

MODELO: El esposo de doña Rosita se llama Ramiro.

Mamá, ¿cómo se llama el esposo de doña Rosita?

1. Amanda tiene 15 faldas. ¿Cuántos faldas tiene Amanda?
2. Don Anselmo vive en la calle Lorenzo. ¿Donde vive Don Anselmo?
3. El novio de Amanda se llama Ramón. ¿Cómo se llama El novio de Amanda?
4. El padre de Ernestito habla francés y español. ¿Que idiomas hablar el padre de Ernestito?
5. Mañana es el cumpleaños de Guillermo. ¿Cuando es el cumpeaños de Guillermo?

E. Lea el modelo que describe a Estela Ramírez de Saucedo.

MODELO: Nombre: *Estela Ramírez de Saucedo*
Dirección: *Avenida Juárez 457*
Ciudad: *México, D.F.*   País: *México*
Teléfono: *5-66-79-83*
Edad: *35 años*
Estado civil: *casada (Ernesto)*
Hijos: *tres (Amanda, Guillermo, Ernestito)*

El nombre de mi amiga es Estela Ramírez de Saucedo. Tiene 35 años. Es de México y vive en la capital, México, D.F., con su esposo Ernesto, en la Avenida Juárez, número 457. Su número de teléfono es el 5-66-79-83. Tiene tres hijos: Amanda, Guillermo y Ernestito.

Ahora use la descripción de Estela para describir a Silvia Alicia Bustamante Morelos.

Nombre: *Silvia Alicia Bustamante Morelos*
Dirección: *Paseo de la Reforma número 5064, Apartamento 12*
Ciudad: *México, D.F.*   País: *México*
Teléfono: *5-62-03-18*
Edad: *21 años*
Estado civil: *soltera*
Hijos: *no tiene*

El nombre de mi amiga es Silvia Alicia Bustamante Morelos. Tiene 21 años. Es de Mexico y vive en la capital, Mexico, DF, solidad y en la Paseo de la Reforma, numero 5064, Apartimento 12. Su numro de telefono es el 5-62-03-18. No tiene hijos.

F. Lea el modelo y luego describa a un miembro de su familia. Use una hoja de papel aparte (*separate sheet of paper*) y escriba de 8 a 10 oraciones (*sentences*) sobre esta persona.

MODELO: Mi hermana se llama Gloria Álvarez Cárdenas. Es alta y bonita. Tiene el pelo rubio y los ojos castaños. Tiene 23 años y su cumpleaños es el 29 de enero. Gloria es idealista, entusiasta y generosa. Estudia psicología en la Universidad Complutense de Madrid y le gusta mucho tomar café y observar a la gente (las personas). A ella también le gusta mucho hablar por celular con sus amigos. Su número de móvil (teléfono celular) es el 9–15–61–39–45. Vive en un piso (apartamento) pequeño. Yo vivo allí también. Nuestra dirección es Calle Almendras, número 481.

✳ La hora

Lea Gramática 1.4.

G. Escriba la hora apropiada.

MODELOS: 6:30 → *Son las seis y media.*

1:50 → *Son las dos menos diez.*

1. 9:00 _Son las nueve a la punte_
2. 8:15 _Son las ocho y cuarto minutos_
3. 9:47 _Son las diez menos trece menutos_
4. 3:30 _Son las tres y medio_
5. 11:20 _Son las once y viente menutos_
6. 12:00 _Son las doce a la punte_
7. 1:05 _Son las una y cinco menutos_
8. 4:45 _Son las cinco menos cuarto menutos_
9. 8:58 _Son las nueve menos dos menutos_
10. 6:55 _Son las siete menos cinco menutos_

H. Conteste las preguntas usando la teleguía que aparece en la siguiente página. Si es después del mediodía, ponga la hora de dos maneras. Mire el modelo.

MODELO: ¿A qué hora es *Corazón de verano*? →
Es a las 14:30 o a las dos y media de la tarde.

TV1		TV2	
9:30	**Dora la exploradora.** Dibujos animados	9:30	**Los pueblos**
10:00	**Digimon.** Las aventuras de los digimons y las niñas	10:00	**Paraísos cercanos, Isla Mauricio**
10:30	**El joven Hércules.** Serie	11:00	**La película de la mañana.** Todo sobre el amor (España 82 minutos)
11:15	**Los rompecorazones.** Episodio 182	12:30	**Vuelta ciclista de España**
12:05	**Andrómeda.** Serie. No recomendada para menores de 7 años	16:00	**China salvaje.** Los insectos de China
13:05	**Los vigilantes de la playa en Hawaii.** Marcas en la arena. Para todos los públicos	17:00	**Luchando por los animales.** Mujeres y animales
14:00	**Informativo territorial**	17:30	**Norte-Sur.** Se presentan Palestina, Chad y Mozambique
14:30	**Corazón de verano**	18:30	**Lizzie McGuire.** Aventuras en Roma
15:00	**Telediario**	19:10	**El espacio infinito.** Episodio 10. Guerreros alienígenas
16:00	**El tiempo**	20:00	**Informativo territorial**

1. ¿A qué hora es *Los vigilantes de la playa en Hawaii*?

   Los vigilantes de la playa en Hawaii es a las uno y cinco de la tardes

2. ¿A qué hora es *El joven Hércules*?

   El joven Hércules a las diez y medio de la mañana

(Continúa.)

3. ¿A qué hora es *El espacio infinito*, Episodio 10?

   El espacio infinito, episodio 10 es a las siete y diez

4. ¿A qué hora es *China salvaje, Los insectos de China*?

   China salvaje, Los insectos de China es a las cuatro

5. ¿A qué hora es *Dora la exploradora*?

   Dora la exploradora es a las nueve y medio

✳ Las actividades favoritas y los deportes

Lea Gramática 1.5.

I. Diga qué les gusta hacer a estas personas.

MODELO:  A Pablo le gusta *trabajar en el jardín.*

Pablo

1.  A Alberto le gusta _jugar a la basquetbol_.

   switch! ↕

   Alberto

2.  A Carmen y a Esteban les gusta _Caminar con sus perros._

   Carmen y Esteban

3.

Lan

A Lan le gusta __correr a la playa__.

4.

Luis

__A Luis le gusta leer libros en la biblioteca__

5.

Mónica

__A Monica le gusta ver a la television en la casa.__

J. ¿Qué dicen estas personas? Complete con la forma apropiada de **gustar.**

MODELO:

Nora, ¿ _le_ _gusta_ dibujar?

Sí, profesora, _me_ _gusta_ mucho.

(Continúa.)

1. Pablo, ¿le ___gusta___ trabajar en el jardín? — Sí, me ___gusta___ mucho.

2. ¿le ___gustan___ hacer ejercicio? — No, no ___m___.

3. Profesora, ¿ ___k___ ___gusta___ tocar la guitarra? — Sí, mi ___gusta___ mucho.

✏ **K.** Lea el modelo y luego describa sus actividades favoritas. Use una hoja de papel aparte y escriba de 8 a 10 oraciones.

MODELO: Hola, soy Ricardo Sícora. Vivo en Caracas, Venezuela. No tengo mucho tiempo libre porque soy estudiante y también trabajo 20 horas por semana. De noche me gusta intercambiar mensajes electrónicos con mis amigos y jugar videojuegos. Los fines de semana, me gusta salir a bailar con mis amigos en una discoteca cerca de mi casa y después tomar un café. Los sábados por la mañana me gusta andar en patineta o jugar al fútbol en algún parque de la ciudad. Los domingos por la mañana me gusta dormir hasta las 11:00. Por la tarde me gusta pasar tiempo con mi familia, salir a cenar o visitar a mis tíos. Durante las vacaciones me gusta ir a la playa y nadar y bucear. Las playas de Venezuela son muy bonitas.

▶ REPASO DE PALABRAS Y FRASES ÚTILES

Complete estas conversaciones correctamente con la frase u oración apropiada según la situación.

√ Cómo se escribe   √ no comprendo   pasado mañana   √ Qué hora tiene
es temprano   No lo creo   √ por favor   √ Ya es tarde

1.

2.

3.

4.

5.

6.

Resumen cultural

Complete cada oración con un nombre, una palabra o una frase de la lista.

✓ los Andes	España	Rigoberta Menchú	✓ la Revolución
✓ Barcelona	Florida	José Clemente	Mexicana
el básquetbol	el fútbol	Orozco	✓ Diego Rivera
el béisbol	Casimiro González	el obrero	la Sierra Nevada
las costumbres	Guantánamo	el Premio Nóbel	David Alfaro
mexicanas	La Habana	de la Paz	Siqueiros
Cuba	la Independencia	la República	
los deportes	de México	Dominicana	
mexicanos	✓ Frida Kahlo		

Son las once y media de la noche.   Son las ocho y media de la noche.

1. En 1898 los Estados Unidos le declaran la guerra a _la mexicana revolución_

2. En 1902 los Estados Unidos establece una base naval en _Barcelona_, Cuba.

3. Otra palabra para **baloncesto** es _____.

4. _____ es una activista guatemalteca. En 1992 recibió

   _____.

5. _____ es el deporte más popular en el Caribe.

6. Los tres muralistas mexicanos más famosos son _Frida Kahlo_,

   Diego Rivera y _Jose Clemente_.

7. Los temas del arte de Diego Rivera son _____, _____

   y _____.

8. _____ es una pintora mexicana famosa por sus autorretratos surrealistas.

9. En España se puede esquiar en _____.

10. ¿Qué hora es? (20:30) _8:30 ocho y media_

    ¡No se!

Actividades auditivas

❋ Los amigos animados

A. La música en KSUN, Radio Sol

Mayín Durán habla de la música en KSUN, Radio Sol de California.

¿Qué tipos de música tienen en KSUN? Escriba **Sí** o **No.**

1. _Sí_ rock
2. _Sí_ argentina
3. _Sí_ italiana
4. _No_ jazz

5. _No_ clásica
6. _Sí_ romántica
7. _Sí_ española
8. _Sí_ mexicana

B. En el parque

Doña Lola Batini y don Anselmo Olivera hablan de las personas en el parque.

(Continúa.)

Identifique a estas tres personas. ¡Cuidado! Hay más de una respuesta posible.

1. E ____ doña Rosita Silva
2. D , B Pedro Ruiz
3. A , C Clarisa

~~a.~~ Tiene seis años.
~~b.~~ Tiene dos hijas.
~~c.~~ Es la hija mayor.
~~d.~~ Lleva lentes.
~~e.~~ Lleva un vestido morado.

❋ Las fechas y los cumpleaños

¿Cuándo nació usted?

C. Los cumpleaños

VOCABULARIO ÚTIL

Entonces	*Then; Therefore*
quiere decir	*it means*
ya saben	*you already know*

La profesora Martínez habla con los estudiantes de las fechas de sus cumpleaños.

❖ ❖ ❖

Escriba la fecha de cumpleaños de estas personas.

FECHA DE CUMPLEAÑOS

1. Carmen   El 23 de junio, 1987
2. Alberto   El 22 de deciembre, 1975
3. Esteban   El 4 de Agosto, 1987
4. La profesora   El 2 de junio, ?

❋ Datos personales: El teléfono y la dirección

D. Información, por favor

VOCABULARIO ÚTIL

la operadora	*operator*
Un momentito	*Just a moment*
diga	*hello (used when answering the phone in Spain)*

Pilar Álvarez es una chica española de 22 años. En la mañana Pilar estudia en la Universidad Complutense de Madrid; por la tarde trabaja de operadora en la Compañía Telefónica de Madrid. Ahora está en su trabajo.

❖ ❖ ❖

Escuche a Pilar y escriba los números de teléfono.

NÚMERO DE TELÉFONO

1. Ricardo Puente Arce: __2-5 5-5 0-2 5__
2. Melisa Becker López: __5-5 5-1 4-3 6__
3. Colegio Mayor Castilla: __3-4 5-5 9-5 8__

¿Cuál es la dirección del Colegio Mayor Castilla?

4. La dirección es __Calle ga (la)__ Goya, número __535__ .

✳ La hora

E. ¿Qué hora es?

VOCABULARIO ÚTIL

vamos a practicar   *we are going to practice*
en punto   *on the dot / exactly*

La profesora Martínez practica la hora con su clase. Ella tiene dibujos de varios relojes.

Escuche el diálogo y escriba la hora en el reloj.

5:00

1.

1:15

2.

8:30

3.

7:40

4.

5.

F. Silvia en la terminal de autobuses

VOCABULARIO ÚTIL

sale	*leaves*
el próximo	*the next*
Para servirle	*At your service*
la salida	*departure*
cada hora	*each (every) hour*

Los fines de semana Silvia Bustamante trabaja en una terminal de autobuses. Ahora Silvia está hablando con unos clientes.

❖ ❖ ❖

(Continúa.)

Escriba en los espacios en blanco la hora de salida de los autobuses.

HORA DE SALIDA

1. Durango _____6:50 pm_____

2. Puebla _____8:00 am_____

3. Monterrey _____9:30_____ y _____12:45_____

4. Guadalajara _____7, 8, 9, 10, etc_____

✳ Las actividades favoritas y los deportes

G. Las actividades de la profesora

VOCABULARIO ÚTIL

las montañas *mountains*
enseñar *to teach*

La profesora Martínez habla con los estudiantes de sus
actividades favoritas.

❖ ❖ ❖

Diga a quién le gusta hacer estas actividades: a Lan (**LA**), a Luis (**LU**) o a la profesora Martínez (**PM**).

1. _LA_ leer

2. _LU_ andar en bicicleta

3. _PM_ montar a caballo

4. _LA_ tocar el piano

5. _PM_ enseñar español

H. La nueva amiga de Guillermo

VOCABULARIO ÚTIL

travieso *mischievous*
extraña *strange*
contigo/conmigo *with you / with me*

Guillermo es un adolescente de 12 años. Tiene una nueva
amiga muy bonita. Se llama Marimar. Ella es muy curiosa
y hace muchas preguntas.

Conteste las preguntas correctamente.

1. ¿Cómo se llama la hermana mayor de Guillermo?

   _____Amanda_____

2. ¿Cuántos años tiene el hermano menor de Guillermo?

   _____Tiene 8 años. Te llame es Enestito_____

3. ¿Qué le gusta hacer a Amanda? (una actividad)

   jugar tennis.

4. ¿Qué le gusta hacer a Ernestito? (una actividad)

   jugar con pero, andar en bicicleta

5. Y a Guillermo, ¿qué le gusta hacer? (dos actividades)

   jugar fútbol, va al cine,

   escuu música, hablar con Marimar

✳ ¡A repasar!

I. Radio Sol… ¡su estación favorita!

VOCABULARIO ÚTIL

la estación	*station*
la promoción	*promotion*
reciben	*they receive*
la emisora	*radio station*
la llamada	*call*

Hoy KSUN, Radio Sol de California, hace una promoción especial. Las personas que llaman de las 9:00 a las 9:30 de la mañana reciben una camiseta con el nombre de la emisora.

❖   ❖   ❖

Llene los espacios en blanco con la información apropiada.

Nombre: _Carlos Medrano_

Música favorita: _Romantica_

Color favorito: _Rojo_

Dirección: _Calle Sepúlveda_ _122 B_
               Calle   Número

Camiseta (pequeña, mediana, grande): _grande_

Nombre: _Leti Valdés_

Música favorita: _Rock_

Color favorito: _Azul_

Dirección: _Avenida Manchester_ _2_
               Calle   Número

Camiseta (pequeña, mediana, grande): _mediana_

Pronunciación y ortografía

✳ Ejercicios de pronunciación

PRONUNCIACIÓN: **r**

The Spanish **r** is not at all like the American English *r*. In Spanish there are two basic **r** sounds: one is a trill, the double **r** (**rr**); and the other is a tap, the single **r** (**r**).

A. Listen and then pronounce the following words with double **r** (**rr**).

cie<u>rr</u>e, bo<u>rr</u>ador, piza<u>rr</u>a, pe<u>rr</u>o, co<u>rr</u>ecto

If the letter **r** begins a word, it is usually pronounced with a trill. Note that at the beginning of a word, a trill is written as a single **r** rather than as a double **r**.

B. Listen and then pronounce the following words that begin with a trill.

<u>r</u>izado, <u>r</u>oja, <u>r</u>ubia, <u>r</u>eloj, <u>r</u>eservado, <u>r</u>opa

Remember that in Spanish the double **r** and the single **r** at the beginning of a word are trilled. Most other **r**'s are pronounced as a tap, that is, the tongue strikes the roof of the mouth lightly. It is very similar to the way Americans pronounce some *d*'s and *t*'s (which sound very much like *d*'s) in the middle of words: *butter, pretty, water, latter, ladder, body*. Say the expression *pot of tea* very quickly and pay attention to the *t* of *pot*.

C. Listen and then pronounce the following words with Spanish single **r**.

mi<u>r</u>e, na<u>r</u>iz, pe<u>r</u>o, o<u>r</u>ejas, cla<u>r</u>o, ca<u>r</u>a, ho<u>r</u>a

D. Now practice the same sound when the letter appears at the end of the word.

baila<u>r</u>, docto<u>r</u>, cocina<u>r</u>, habla<u>r</u>, ve<u>r</u>, lee<u>r</u>, mayo<u>r</u>, meno<u>r</u>, tene<u>r</u>, mejo<u>r</u>, se<u>r</u>

E. Listen to the following sentences and then pronounce them, concentrating on producing **r** and **rr** correctly. Don't forget to pronounce the vowels short and to use syllable-timed rhythm.

1. Cierre la puerta.
2. Luis tiene el pelo rizado.
3. El perro de Ernestito es muy grande.
4. —¿Qué hora es?
   —No tengo reloj.
5. Miren arriba.

✳ Ejercicios de ortografía

Write the words you hear, paying attention to the single and double **r** sounds and how they are written.

1. Borrador
2. Hora
3. Doctor
4. Correcto
5. Rojo
6. Bailar
7. Pizzarra
8. Perro
9. Pero
10. Naric

ideoteca

✳ Los amigos animados

Vea la sección **Los amigos animados** de las **Actividades auditivas** para hacer la actividad correspondiente.

✳ Escenas culturales

Cuba

VOCABULARIO ÚTIL

las Antillas	*Antilles*
el Paseo del Malecón	*Wharf Walk*
concurrido/a	*crowded*
la riqueza cultural	*cultural wealth*
el son cubano	*Cuban "son" music*
el bolero	*type of Cuban music*

Lea estas preguntas y luego vea el video para contestarlas.

(Continúa.)

1. El nombre original de La Habana es _B_.

   a. La Habana de Cuba
   (b) San Cristóbal de la Habana
   c. La Habana de Cristóbal Colón

2. La Habana Vieja es un centro histórico de _A_.

   (a.) muchas construcciones coloniales
   b. mucha música cubana
   c. muchas playas bonitas

✳ Escenas en contexto

Sinopsis

Roberto y Martín esperan (*wait*) a alguien en el parque.

VOCABULARIO ÚTIL

ya	*already*
debe estar	(*she*) *should be*
no todavía	*not yet*
temprano	*early*
¿qué onda?	*what's up?*

Lea estas preguntas y luego vea el video para contestarlas.

A. ¿Cierto (**C**) o falso (**F**)?

1. _F_ Ya son la tres.

2. _F_ Roberto espera a su hermana.

3. _C_ La prima de Roberto se llama Sabina.

4. _F_ Sabina tiene 17 años.

5. _C_ Sabina es morena.

6. _C_ Sabina es un poco gorda.

B. Complete con la información correcta.

1. ¿Cuántos años tiene Sabina? ____16____

2. Describa a Sabina. Es _Morena_ y _alta_. No es _rubia_.

ecturas

NOTA CULTURAL

¡Hola!... ¡Hasta mañana!

PISTAS PARA LEER

Greetings are an essential part of many cultures. Here are some words for greeting and leave-taking in Hispanic cultures. Read these phrases several times and use them in your classroom!

VOCABULARIO ÚTIL

(Words included here are highlighted in the text.)

conoce	*know*
el lugar	*place*
es costumbre	*it is customary*
todos	*everybody*
darle la mano	*to shake hands*
Gusto en verte	*Good to see you*
pueden durar	*can last*
valen la pena	*are worth the trouble*

¿Cómo saluda usted a sus amigos? ¿y a las personas que no **conoce** muy bien? En la sociedad hispana, cuando uno entra en un **lugar** donde hay otras personas, **es costumbre** saludar a **todos** con «Hola», «Buenos días» o simplemente «¡Buenas!» Es muy típico también **darle la mano** a cada persona. Y cuando uno se despide, le da la mano a todos otra vez y dice «Adiós», «Nos vemos», **«Gusto en verte»** o «¡Hasta mañana!» Estos saludos son un aspecto importante de la cultura hispana. Y son característicos de muchas otras culturas también.

Para saludar a los amigos, los hispanos dicen «¿Cómo estás?» o «¿Qué tal?» Y hay frases más expresivas, como, por ejemplo, «¿Qué me cuentas?», «¿Qué pasa?» o «¿Qué hay de nuevo?» También hay saludos un poco formales: «¿Cómo está usted?», «¿Cómo le va?» y «¿Cómo está la familia?»

Los saludos y las despedidas **pueden durar** mucho tiempo, pero **valen la pena.** Para muchos hispanos, las relaciones humanas son más importantes que el tiempo.

Comprensión

Aquí tiene algunos saludos y despedidas. ¿Cuáles son formales (**F**) y cuáles informales (**I**)?

1. __I__ Hola.

2. __I__ ¿Cómo estás?

3. __F__ ¿Qué tal?

4. __F__ ¿Qué me cuentas?

5. __F__ ¿Cómo está la familia?

(Continúa.)

6. __S__ ¿Cómo le va?

7. __F__ Gusto de verte.

8. __I__ ¿Qué hay de nuevo?

9. __F__ ¿Cómo está usted?

10. __I__ ¿Qué pasa?

 Un paso más... ¡a escribir!

Escriba tres diálogos breves en una hoja de papel aparte para practicar los saludos. Usted va a saludar a tres de las siguientes personas: su profesor o profesora, un amigo o una amiga, una amiga de su mamá, su hermano o hermana, un compañero de la clase, su primo, su abuela.

 # Los amigos hispanos: Raúl, el superactivo

PISTAS PARA LEER

Raúl is a college student from Mexico who likes to play sports and do many other things. Read over the **Vocabulario útil.** Then scan the **Lectura** for some of Raúl's favorite activities. Now read the **Lectura** again and get to know him!

VOCABULARIO ÚTIL

la ingeniería	*engineering*
conoce	*knows*
A veces	*Sometimes*
Además	*Besides*
levantar pesas	*to lift weights*
pasear	*to go for a walk*
no está de acuerdo	*doesn't agree*
piensa	*thinks*

Raúl Saucedo tiene diecinueve años; es delgado y tiene el pelo largo y lacio. Raúl es de la Ciudad de México, pero estudia **ingeniería** en la Universidad de Texas en San Antonio. Allí **conoce** a varios de los estudiantes de español de la profesora Martínez. **A veces** conversa con ellos en inglés y a veces en español. ¡Cuánto les gusta hablar! Es que, como dice la profesora Martínez, hablar es aprender. Y sus estudiantes necesitan conversar para aprender el español.

Raúl estudia mucho. Pero también practica varios deportes, especialmente el fútbol. Los sábados en la mañana le gusta jugar al fútbol con sus amigos hispanos y norteamericanos. **Además,** a Raúl le gusta **levantar pesas** y nadar en la piscina de la universidad. ¡Es un joven muy activo! Por eso algunos de sus amigos lo llaman «el superactivo».

Los sábados por la tarde, generalmente, a Raúl le gusta salir a **pasear.** Por la noche, prefiere ir al cine o a bailar en una fiesta. Sus amigas opinan que él baila muy bien. Pero Raúl **no está de acuerdo.** Él **piensa** que, como dice la expresión en inglés, ¡baila con dos pies izquierdos!

Bueno, ¿y qué le gusta hacer a Raúl los domingos? Pues... los domingos son para estudiar y hacer la tarea. Son días muy importantes para este joven tan superactivo.

Comprensión

¿Cierto (**C**) o falso (**F**)?

1. _C_ Raúl es norteamericano.

2. _C_ Raúl es estudiante en la Universidad de México.

3. _C_ Es viejo y bajo.

4. _F_ No es muy activo.

5. _C_ A Raúl le gusta hacer ejercicio.

6. _F_ Los domingos le gusta ir al cine.

7. _F_ Raúl es muy buen estudiante.

8. _F_ Tiene varios amigos hispanos.

9. _C_ La opinión de Raúl es que él no baila muy bien.

10. _C_ Para Raúl es importante estudiar.

Un paso más... ¡a escribir!

A. ¿Cuáles de las actividades de Raúl le gusta hacer a usted? Marque con ✓ en la columna apropiada.

	SÍ ME GUSTA...	NO ME GUSTA...
conversar en español	✓	
jugar al fútbol	✓	
levantar pesas		✓
nadar en la piscina	✓	
ir al cine	✓	
estudiar y hacer la tarea		✓
bailar en discotecas	✓	

B. Ahora hágale una entrevista a uno de sus compañeros de clase. Luego escriba una composición sobre esa persona en una hoja de papel aparte, con el título «Las actividades de (*nombre*)». Para empezar, puede usar las siguientes preguntas: **¿Qué te gusta hacer los viernes por la noche? ¿Qué te gusta hacer los sábados y los domingos?**

Mis planes y preferencias Capítulo 2

Actividades escritas

✳ **Los planes**

Lea Gramática 2.1.

A. Escoja ocho de las siguientes personas y describa qué van a hacer durante el fin de semana.

MODELO: Este fin de semana mi novio y yo vamos a salir a bailar.

- yo — una amiga / un amigo — mis padres — mi hermano/a y yo
  mi hijo/a — mi novio/a (esposo/a) — mi profesor(a) — mi mejor amigo/a y yo
- mis amigos mi abuelo/a mi primo/a ¿ ?

1. Este fin de semana yo voy a meditar con mi mejor amigo
2. Este fin de semana mi madre va a ver a televisión
3. Este fin de semana mi hermano va a estudiar
4. Este fin de semana mi mejor amiga va andar su patineta.
5. Este fin de semana mis amigos van a jugar videojugares.
6. Este fin de semana mi novia y yo vamos a la playa en la noche.
7. Este fin de semana mi profesora va a su case por descansar
8. Este fin de semana mis amigas van a la cine

B. Lea el modelo y luego describa sus planes para el próximo fin de semana. Use una hoja de papel aparte y escriba de 10 a 12 oraciones.

(Continúa.)

MODELO: Me llamo Carla Espinoza. Vivo y estudio en la Universidad de Puerto Rico. Este fin de semana voy a descansar y salir con mis amigos. El viernes por la noche mis amigos y yo vamos a ir a una fiesta en casa de mi prima. Allí vamos a comer, escuchar música y hablar. El sábado por la mañana voy a correr en la playa y nadar un poco. Me gusta mucho ir a la playa. Después voy a ir a la biblioteca y estudiar para mi clase de historia. El sábado por la noche voy a salir a bailar con mi novio. Él se llama Jorge; es guapo y simpático y le gusta mucho bailar. El domingo por la mañana voy a desayunar en casa con mi mamá y después voy a salir a pasear con el perro. Por la tarde una amiga y yo vamos a ir de compras. El domingo por la noche voy a preparar la cena para mi familia y después voy a leer o ver la televisión.

✳ Las clases

Lea Gramática 2.2.

C. Escriba las clases que usted tiene y la hora de cada una. Luego complete las oraciones con información acerca de sus clases.

HORA	LUNES	MARTES	MIÉRCOLES	JUEVES	VIERNES
7:45am		Español 1		Español 1	Español 1
8am	Anthropology 2		Anthropology 2		
12am–12pm	Online Música 32	Online Música 32	Online Música 32	Online Música 32	Online Música 32
12am–12pm	Online Computer Science 3	Online Computer Science 3	Online Computer Science 3	Online Computer Science 3	Online Computer Science 3

1. Mi primera clase los lunes es _Anthropology 2_.

2. Mi tercera clase los miércoles es _Online CS 3_.

3. Mi segunda clase los jueves es _Online Music 32_.

4. Mi quinta clase los _la semana_ es _Online Music 32_.

5. Mi _primer_ clase los _viernes_ es español.

6. Mi clase más fácil/(difícil) es _Anthropology 2_.

7. Mi clase favorita es _Español y Música_.

D. Lea el modelo y luego describa sus clases en la universidad. Use una hoja de papel aparte y escriba de 10 a 12 oraciones.

MODELO: Hola, soy Ignacio Padilla. Estudio arquitectura en la Universidad Autónoma de México en el Distrito Federal. Este semestre tengo cuatro clases. Mi primera clase los lunes y miércoles es trigonometría de las 8:00 hasta las 10:00, con el profesor Salazar. Después de esa clase me gusta tomar un refresco en la cafetería y hablar con mi novia, Silvia. Mi segunda clase, historia precolombina de México, es a las 11:00. La cultura de los aztecas es muy interesante, especialmente la construcción de las pirámides. La profesora se llama Araceli Alarcón y es muy entusiasta. Después del almuerzo, por la tarde tengo una clase de arte y diseño de las 2:00 hasta las 4:00, con el profesor Ibáñez. Es mi clase más difícil, pero es también muy importante para mi especialidad, la arquitectura. Los jueves tengo sólo una clase de geografía de las 5:00 hasta las 7:00 de la tarde. Después de mis clases me gusta descansar y pasar tiempo con mis amigos.

✳ Las preferencias y los deseos

Lea Gramática 2.3.

E. Hable de sus deseos para el día de su cumpleaños.

1. ¿Quiere usted tener una fiesta grande?

   Una fiesta sí, pero no una fiesta grande.

2. ¿Quiere usted recibir visitas ese día?

   Sí, quiero recibir visitas ese día.

3. ¿Quiere usted salir a bailar con su novio/a (esposo/a)?

   Sí, Quiero salir a bailar con mi novia

4. ¿Qué quieren hacer sus padres? / ¿Qué quiere hacer su esposo/a (novio/a)?

   Mis padres quieren cocinar mucho comida por nuestros

5. ¿Qué quieren hacer usted y sus amigos?

   Queremos tocar a ~~sus~~ las guitarras y andar las patineras

F. Diga las preferencias de usted y de las otras personas.

   MODELO: ¿Prefiere usted bailar o jugar al béisbol? → *Prefiero bailar.*

1. ¿Prefiere usted jugar al tenis o al ráquetbol?

   prefiero bailar

2. ¿Prefiere usted cocinar o ir a un restaurante?

   Prefiero ~~cocinar~~ ir a un restaurante de Johnny's

3. ¿Prefiere usted andar en bicicleta o en motocicleta?

   No prefiero ~~andar~~ andar en bicicleta o en moto cicleta

4. ¿Prefiere usted bucear o nadar?

   prefiero nadar, pero con mi amigos

5. ¿Prefiere usted trabajar en el jardín o limpiar la casa?

   prefiero trabajar en el jardín

6. ¿Qué prefieren sus padres, ver la televisión o ir al cine?

   Mis padres prefieren ~~ver~~ ir al cine

7. ¿Qué prefiere su hijo/a, patinar o jugar al fútbol?

   prefiere jugar al fútbol

8. ¿Qué prefiere su hermano/a, esquiar o jugar al voleibol?

   Mi hermano no prefiere esquiar o jugar al voleibol, prefiere estudiar.

✳ El tiempo

Lea Gramática 2.4.

G. Mire estos dibujos con cuidado y diga qué tiempo hace y qué quieren hacer las personas que aparecen en cada uno.

Acapulco, México/marzo

1.

quieren esquiar

Bariloche, Argentina/ julio

2.

Parque nacional, Los Paraguas, Chile/octubre

3.

1.   Es primavera y hace viento. Las chicas quieren navegar.

2.   Es ❦ invierno y hace nieve. Las personas quieren esquiar.
_____

3.   Es verano y hace fresco. Las personas quieren comer [picnic] en la montañas
_____

el Caribe/mayo

4.

Madrid, España /enero

5.

México, D.F. /agosto

6.

4.   Es verano y hace muy sol y calor. La familia quieren descansar en la playa.
_____

5.   Es invierno y hace nueve. No quieren caminar en el nueve.

6.   Es autoño y hace nueve. Los chicos jugan en la nueve.
_____

H. ¿Qué actividades asocia usted con el tiempo?

MODELO: ¿Qué prefiere usted hacer cuando *hace mal tiempo?* →
             Cuando hace mal tiempo, prefiero leer en casa.

− hace buen tiempo	− hace mucho viento	llueve
− hace frío	hace sol	− nieva
− hace mucho calor		

1. ¿Qué prefiere usted hacer cuando _buen tiempo_ ?
    Cuando buen tiempo, prefiero ~~estudiar~~ escuchar en musica

2. ¿Qué prefiere usted hacer cuando _hace frío_ ?
    Cuando hace frio, prefiero meditar con mi mujer amigo

3. ¿Qué prefiere usted hacer cuando _hace mucho calor_ ?
    Cuando mucho calor, prefiero voy a la playa con mi amigos

4. ¿Qué prefiere usted hacer cuando _hace nieva_ ?
    Cuando hace nieva, prefiero andar mi patineta

5. ¿Qué prefiere usted hacer cuando _hace mucho viento_ ?
    Cuando mucho viento, prefiero leer en mi casa

I. Lea los planes y preferencias de la profesora Martínez y luego, en una hoja de papel aparte, escriba de 10 a 12 oraciones sobre los planes, deseos y preferencias de usted.

MODELO: Me gustan mucho los meses de invierno. En el invierno hace frío aquí en San Antonio. Me gusta escuchar música y leer al lado de la chimenea, especialmente cuando llueve. Pero cuando nieva, prefiero ir a las montañas. Me gusta esquiar y jugar en la nieve. En el verano siempre voy a Guanajuato. ¡Es una ciudad muy bonita! Este verano voy a viajar a México. Primero voy a ir a Guanajuato a visitar a mis parientes. Un fin de semana voy a acampar en las montañas con toda la familia. Después voy a ir a Puerto Vallarta por una semana. Hace mucho calor allí, pero me gusta la playa. Quiero nadar, leer y descansar. Luego voy a ir a la Ciudad de México. En el verano llueve mucho allí, pero no hace frío. Voy a visitar muchos museos y voy a cenar en mis restaurantes favoritos. También quiero pasear por el Parque de Chapultepec[1] y visitar los jardines flotantes[2] de Xochimilco. ¿Y usted?

[1]Parque… parque grande en el centro de México, D.F.   [2]jardines… *floating gardens*

Complete estas conversaciones con la oración adecuada según la situación.

- ✓ A qué hora
- ✓ Ni pensarlo (*No way*)
- ✓ Nos vemos
- ✓ Por qué
- ✓ Qué buena idea
- Yo también

1.

2.

3.

4.

Resumen cultural

Complete las oraciones y conteste las preguntas con nombres, palabras o frases de la lista.

Bariloche	✓ Galápagos	el peso	la Universidad de
Bogotá	✓ invierno	Pichincha	Salamanca
las calles	el kínder	las plazas	✓ la Universidad de
✓ calor	Shakira Mebarak	✓ la preparatoria	Santo Domingo
Penélope Cruz	Carmen Naranjo	✓ la primaria	✓ la Universidad del
✓ el euro	la ONU	Quito	Valle de México
✓ frío	otoño	Sevilla	✓ verano

Nombre _Noa Eckstein_ Fecha _21 de Oct._ Clase _Español 1_

1. En los Estados Unidos se usa el dólar, pero en España se usa _el euro_.

2. En México los cuatro niveles de educación son _la primaria_, la secundaria,
   la _preparatoria_ y la universitaria.

3. En muchas ciudades hispanas la gente se reúne en _____ para charlar
   y descansar.

4. _____ es una autora costarricense.

5. ¿Qué ciudad de Sudamérica tiene el mismo clima en invierno y en verano?
   Galápagos

6. Estamos en Santiago, Chile, en enero. ¿Qué estación es? ¿Qué tiempo hace? Es
   verano. Hace _calor_.

7. Estamos en Santander, España, en enero. ¿Qué estación es? ¿Qué tiempo hace? Es
   invierno. Hace _frío_.

8. _la uni de santa domingo_ es la universidad más antigua de España, fundada en 1218.

9. _la uni de valle de mexico_ es la universidad más antigua de América Latina, fundada en 1538.

10. Ecuador se independiza de España el 24 de mayo de 1822, cuando el general Sucre gana la
    Batalla de _____.

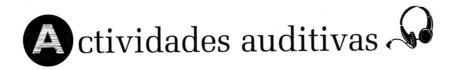 ctividades auditivas

Listening Comprehension Strategies

You have now worked on listening comprehension segments for **Pasos A, B,** and **C,** and for
Capítulo 1. Now that the material is a bit more advanced, we suggest more strategies to help you
get the most out of these segments. Feel free to come up with your own strategies as well. Please
note that we start with segment **C. Los planes de Amanda.**

- Remember to find a comfortable, well-lit place to work and to acquaint yourself with your
  CD/audio player before starting your assignment.
- Remember that you will have a more positive experience if you allot sufficient time to
  listen and relisten as necessary to understand the dialogues and to be able to answer the
  questions.

✳ Los amigos animados

A. La familia de Esteban

Esteban Brown hace una presentación sobre los miembros de su familia en la clase de español.

❖ ❖ ❖

¿Cuáles son las preferencias de los miembros de la familia de Esteban? Hay más de una respuesta posible.

1. A, D Esteban
2. A + G su madre
3. __C__ su padre
4. E + B Michael

X̶A̶. Le gusta nadar.
X̶B̶. Prefiere bailar.
X̶C̶. Le gusta hacer preguntas.
X̶D̶. Prefiere jugar al fútbol.
X̶E̶. No le gusta estudiar.
X̶F̶. Prefiere hablar español.
X̶G̶. Le gusta jugar al tenis.

B. ¡Un momentito, por favor!

Pilar Álvarez está en su trabajo, en la Compañía Telefónica de Madrid.

✖ ✖ ✖

Escuche a Pilar y escriba el nombre completo y el número de teléfono de la persona que menciona.

1. Nombre: el doctor Manuel Hernández __Barddedd__
2. Número de teléfono: 5 - 9 7 - 4 ⓪ - 0 3

✳ Los planes

C. Los planes de Amanda

9:30

- Ready to start? Look at the title and the drawing while you listen once to relax and enjoy . . . and to see how much you already understand. Now before listening a second time, make sure that you read all the information printed for this segment and that you know exactly what information you need to listen for so you can focus on it.
- The drawing shows a young girl, Amanda, and her brother. The little boy seems to want to go wherever his older sister is going; he is saying "I'm going with you!" Your task is to put Amanda's plans in the correct order. As you listen, focus on the action words and number them 1–4 right above the word, so that you can keep up with the dialogue.
- Listen a third time (or more if you wish) to check to see if you have the activities in order.

VOCABULARIO ÚTIL

el centro   *downtown*
los adultos   *adults*
¿De acuerdo?   *OK?*

Hoy es sábado y Ernestito conversa con su hermana sobre los planes de Amanda para esta tarde.

Ponga en el orden correcto estos planes, marcando los espacios en blanco del 1 al 4.

a. __3__ Amanda va a descansar con su amiga.

b. __4__ Ernestito va a ir al centro con «los adultos».

c. __1__ Amanda va a jugar al tenis con Graciela.

d. __2__ Amanda va a ir al centro con algunos amigos.

✳ Las clases

D. Una clase divertida

For this segment, you should follow the same strategies used for segment **C**. So after reading the title and looking at the drawing while you listen the first time, you will need to read everything written for this segment. Then decide which two questions you will answer the second time you listen and which ones you will answer the third time. You may want to listen a fourth time to check your work, if you wish.

(Continúa.)

6:45

VOCABULARIO ÚTIL

el estacionamiento   *parking lot*
aprendo   *I learn*

Lan Vo habla con Raúl Saucedo en el estacionamiento de la universidad.

❖ ❖ ❖

¿Cierto (**C**) o falso (**F**)?

1. **F** A Lan no le gusta la clase de español.

2. **C** Raúl dice que las clases de lenguas son aburridas.

3. **F** En la clase de Lan los estudiantes hacen muchos ejercicios de gramática todos los días.

4. **F** Raúl dice que va a visitar la clase de la profesora Martínez.

E. Los horarios de Mónica y Pablo

The illustration tells you that Mónica and Pablo are enjoying their conversation. The key word **horario** and the two tables that follow reveal that they are talking about class schedules. Since your task is to complete the class schedules, you know you have to listen for classes and times. To avoid stress, make sure you attempt to complete only one schedule at a time. Do Mónica's first.

- You need to listen for the days on which Mónica has classes.
- Since you know most students usually have the same classes on two or three different days, when you hear Mónica say **lunes, miércoles y viernes,** you know now that you only have to concentrate on listening for the times and the classes. Note that some answers are given to you.
- You also know that you can fill out Monday as you listen and then go back and add the same information for Wednesday and Friday after you have stopped the CD/audio player.
- Make it even easier for yourself by writing only the first three or four letters of each class while listening; then go back and complete the words once you have stopped the CD/audio player.
- Follow the same procedure for Mónica's Tuesday/Thursday schedule, and for all of Pablo's schedule.

VOCABULARIO ÚTIL

¡Pobrecita!   *Poor thing!*
estamos libres   *we're free (we have free time)*
la cafetería   *cafeteria*

Mónica Clark y Pablo Cavic hablan de sus horarios de clase.

❖ ❖ ❖

Nombre _____ Noa Edelstein _____ Fecha _____ Dec 8 _____ Clase _____ Español I _____

El horario de Mónica

HORA	LUNES	MARTES	MIÉRCOLES	JUEVES	VIERNES
8:00	*español*	Español	Español	Español	Español
9:00	Química		*química*		*química*
10:00					
11:00	Matematicas		Matimaticus		Matimaticus
12:00					
1:00	*literatura inglesa*		Literatura Inglesa		*literatura inglesa*
2:00					
3:00					
4:00					

@ 10:00min

El horario de Pablo

HORA	LUNES	MARTES	MIÉRCOLES	JUEVES	VIERNES
8:00	Español	*español*	Español	Español	Español
9:00					
10:00	*historia*		Historia		Historia
11:00					
12:00	*matemáticas*		*matemáticas*		*matemáticas*
1:00					
2:00					
3:00					
4:00					

Las preferencias y los deseos

F. El Hotel Camino Real

Remember to listen a first time while you look at the title and the accompanying drawing. Also, it is a good idea to get into the habit of making sure you know what to listen for before playing the segment.

- The task for this particular segment is to listen to the ad and decide whether the activities listed (1–8) can be done at the Hotel Camino Real.
- Take a few seconds to map out a strategy: Set a simple goal for yourself, such as listening just for every even-numbered activity (2, 4, 6, 8). Once you start listening, concentrate on those activities only.
- Listen again for the odd-numbered activities. You can listen a third time if you are not sure about any activity.

VOCABULARIO ÚTIL

el anuncio comercial	*advertisement*
la alberca	*swimming pool (Mex.)*
¡Disfruten!	*Enjoy!*

Ahora en KSUN, Radio Sol, vamos a escuchar un anuncio comercial del Hotel Camino Real de la ciudad de Cancún, en México.

Hotel Camino Real

❖ ❖ ❖

¿Son posibles estas actividades en el Hotel Camino Real? Escriba **Sí** o **No.**

1. _Sí_ pasar las vacaciones con la familia

2. _No_ cocinar

3. _No_ nadar en el mar

4. _Sí_ nadar en una alberca

5. _Sí_ comer en un restaurante excelente

6. _No_ patinar en el hielo

7. _Sí_ tomar lecciones de esquí acuático

8. _No_ jugar al fútbol

G. ¡Vamos al cine!

 After reading what is printed and looking at the illustration, you will realize that this segment reveals few easy clues. All you know for sure is that two people, Nora and Raúl, are talking after Spanish class and that one doesn't have a class at 10:00, one prefers to study, and so on. Also, from the title and from question number 5 you can predict that at least one of these people will go to the movies. But don't worry: Strategies like the following will make your listening comprehension less difficult.

- The directions say you merely have to determine who makes the statements listed.
- The first time you listen to the segment simply try to get the gist of it and to form a mental picture of what is going on in the dialogue.
- Don't attempt to answer all the questions the second time you listen. If you can, great; but do not put undue pressure on yourself. Needing to listen two or three times to something new, and not in your native language, is quite normal. So plan on listening at least three times— once to focus on the even-numbered questions (2, 4, 6), a second time to focus on the odd-numbered questions (1, 3, 5), and a third time to check your work if you feel it is necessary.

VOCABULARIO ÚTIL

esta tarde	*this afternoon*
¡hasta los viernes!	*even on Fridays!*
¡No te creo!	*I don't believe you!*

Nora Morales habla con Raúl Saucedo después de la clase de español.

@ 16:00 min

❖ ❖ ❖

¿Quién dice esto, Nora (**N**) o Raúl (**R**)?

1. __N__ No tengo clase a las diez.

2. __N__ Voy a jugar al tenis por dos horas.

3. __R__ ¿Quieres ir a la cafetería?

4. __R__ Voy a lavar mi ropa.

5. __N__ En la noche, voy a ir al cine.

6. __R__ Prefiero estudiar.

7. __N__ Es una nueva película italiana. ¿Quieres ir?

✳ **El tiempo**

H. **El pronóstico del tiempo**

The drawing for this segment shows a radio announcer. The map behind her suggests that this is either a newscast or a weather forecast. The title helps you determine that you will be listening to a weather forecast. Look at what is expected of you.

- You need to decide what to wear, since you are going to travel to the cities listed.
- By now it is clear the forecast won't tell you what items of clothing you will need. You have to determine what is appropriate by listening to the weather report.
- Note that there are articles of clothing listed above the city names. You can make your task easier by using your knowledge of vocabulary (clothes and weather) to write the weather associated with each article; **frío** with **abrigo,** for instance.
- Now set a goal for yourself: The first time you listen, focus on the even-numbered cities only. Plan to write the weather of each city in the left margin. The second time you listen, focus on the odd-numbered cities, again writing the weather in the left margin.
- If you need to, listen a third and a fourth time to make sure you have the right weather next to the right city.
- Now, stop the CD/audio player and look at the weather for each city and at the weather you associated with each article of clothing. Then quickly match them.
- If you feel frustrated at any time, stop listening. Sometimes the problem is that you did not hear an answer. If this is the case, you can simply look up the answer in the Answer Key. Then, return to the segment and listen for the missing answer. It will be there!
- At other times, frustration tells you that you are not quite ready for this assignment. Perhaps you need to go back and review the chapter before attempting to complete this activity.
- Use the Answer Key to check your work and receive instant reinforcement.

(Continúa.)

We hope these suggestions have shown you how the use of listening strategies makes working with the **Actividades auditivas** much easier. We also hope that you will use some of the strategies provided and feel comfortable creating new ones depending on the type of task you have to complete. In **Capítulo 7** we provide another guide to listening strategies. There we remind you of the basic steps already covered here and of the need for mapping out your strategies before listening.

VOCABULARIO ÚTIL

el pronóstico	*forecast*
grados centígrados	*degrees centigrade*
hermoso	*beautiful*

Ahora vamos a escuchar el pronóstico del tiempo en KSUN, Radio Sol.

@
20:50
mins

Imagínese que hoy usted va a viajar a estas ciudades. ¿Qué ropa va a llevar?

Algunas posibilidades: abrigo, botas, pantalones cortos, sandalias, suéter, traje de verano, ~~chaqueta~~

1. Londres — Llevo botas, pantalones, suéter, traje ... por tiempo frío
2. Madrid — Llevo traje de verano y pantalones cortos por tiempo fresco
3. Buenos Aires — Llevo pantalones cortos y sandalias por tiempo cal...
 4. Santo Domingo — Llevo botas, Abrigo, suéter y por tiempo mu...
5. Nueva York — Llevo pantalones cortos, sandalias por tiempo mu...

✳ ¡A repasar!

I. La fiesta de Carmen

VOCABULARIO ÚTIL

las novelas	*novels*
la ciencia ficción	*science fiction*

Los estudiantes de la profesora Martínez tienen una fiesta en casa de Carmen. Alberto, Carmen y Pablo conversan.

¡Vamos a bailar!

¿Cuáles son las actividades preferidas de las siguientes personas? Hay más de una respuesta posible.

1. C, F, E, ___ Alberto
2. B, C, F, ___ Carmen
3. C, F, A, D ___ Pablo .

- a. Le gusta leer.
- b. Prefiere hablar español.
- c. Le gusta bailar.
- d. Prefiere las novelas de ciencia ficción.
- e. Le gusta jugar con sus perros.
- f. Prefiere escuchar música.
- g. Le gusta tener fiestas en su casa.

@
23:05
mins

ronunciación y ortografía

✳ Ejercicios de pronunciación

STRESSING THE CORRECT SYLLABLE

Most words in Spanish are not written with an accent mark. When you read words aloud, it is easy to know which syllable is stressed. There are three rules:

If the word ends in a *vowel* (**a, e, i, o, u**) or the *consonants* **n** or **s**, pronounce the word with the stress on the next-to-the-last syllable. For example: **ca-sa, ba-ño, a-ños, pe-so, e-ne-ro, can-ten, de-par-ta-men-to, ba-jen, ca-mi-nen.**

If the word ends in a *consonant* (except for **n** or **s**), pronounce the word with the stress on the last syllable. For example: **lu-gar, ter-mi-nal, es-pa-ñol, ver-dad, na-riz, me-jor, fa-vor.**

Regardless of what letter a word ends with, if there is a written accent mark, you must stress the syllable where the accent appears. For example: **es-tó-ma-go, sué-ter, lá-piz, ár-bol, au-to-mó-vil, ja-po-nés, per-dón, a-quí.**

A. Look at the following words and pronounce them with the stress on the next-to-the-last syllable. Note that they all end in a vowel, **n,** or **s.** Say the word first and then listen for confirmation.

1. barba
2. piernas
3. italiano
4. morado
5. nombre
6. cabeza
7. pongan
8. castaños
9. Argentina
10. hablen

B. These words end in a consonant (other than **n** or **s**) and are therefore stressed on the last syllable.

1. verdad
2. azul
3. borrador
4. pared
5. regular

6. señor
7. hospital
8. reloj
9. profesor
10. mejor

C. These words are written with an accent mark. Stress the syllable with the written accent.

1. francés
2. fácil
3. café
4. teléfono
5. está

6. suéter
7. difícil
8. alemán
9. sábado
10. inglés

✳ Ejercicios de ortografía

WORD STRESS

If a word of three syllables or more is stressed on any syllable other than the last or next to last, it must be written with an accent mark.

Listen and write the following words with accents on the third from last syllable. For example: **música, página, miércoles.**

1. Estómago
2. teléfono
3. cámara
4. Artística
5. Simpáticalo
6. Matemáticas
7. Dólares
8. América

9. Química
10. Gramática
11. Tímido
12. Sábado
13. Romántico
14. Décimo
15. México

@
27:30
mins

ideoteca

✳ Los amigos animados

Vea la sección **Los amigos animados** de las **Actividades auditivas** para hacer la actividad correspondiente.

✳ Escenas culturales

Ecuador

VOCABULARIO ÚTIL

la iglesia	*church*
el palacio	*palace*
el siglo dieciséis	*sixteenth century*
el lugar	*place*
la belleza natural	*natural beauty*
el archipiélago	*archipelago*
el paraíso	*paradise*
el amante de la naturaleza	*nature lover*

(Continúa.)

Lea estas preguntas y luego vea el video para contestarlas.

1. La ciudad capital de Ecuador es __C__.

   (a) San Francisco   b. Galápagos   c. Quito

2. La iglesia de __A__ es la más vieja de Ecuador.

   a. San Francisco   b. América del Sur   c. Quito

3. El archipiélago __C__ es un paraíso natural.

   a. de San Francisco   b. del Océano Atlántico   c. de Galápagos

✳ Escenas en contexto

Sinopsis
Roberto habla con la agente de viajes
(*travel agent*) sobre sus planes.

VOCABULARIO ÚTIL

bucear	*to scuba dive*
la isla	*island*
el Caribe	*Caribbean*
maravilloso/a	*fabulous, great*
caro/a	*expensive*
barato/a	*inexpensive*
Belice	*Belize*
húmedo/a	*humid*
el folleto	*brochure*
el avión	*plane*
¿necesito?	*do I need?*
arreglar	*to arrange*

Lea estas preguntas y luego vea el video para contestarlas.

A. ¿Cierto (**C**) o falso (**F**)?

1. __F__ Durante sus vacaciones, Roberto quiere acampar.

2. __F__ Roberto prefiere ir a una isla.

3. __C__ Es más barato ir al Caribe en el verano.

4. __C__ Llueve mucho en el Caribe en el invierno.

5. __F__ Belice es otra isla en el Caribe.

B. Conteste con la información correcta.

1. Roberto quiere _____ durante sus vacaciones.

2. ¿Qué tiempo hace en el Caribe en verano?

   _____

3. Y en invierno, ¿qué tiempo hace?

   _____

4. ¿Qué tiempo hace en Belice?

   _____

 ecturas

 **Nombres y apellidos**

 PISTAS PARA LEER

In this **Nota cultural** you will learn about some popular Spanish names. Go over the list of names in the writing activity. What do they all have in common? Now do the reading with this question in mind: What are three characteristics of Hispanic names?

VOCABULARIO ÚTIL

Al nacer	*At birth*
algunas	*some*
el apellido de soltera	*maiden name*
corta	*short*
el sobrenombre	*nickname*
lo sabe	*knows it*
honrar	*to honor*
el santo	*saint*
católica	*Catholic*
¡compártalo!	*share it!*

Al nacer, los hispanos reciben generalmente dos nombres. María Teresa, Jorge Luis y Mari Carmen son **algunas** combinaciones típicas. El nombre completo de la profesora Martínez, por ejemplo, es Adela Elisa Martínez Briceño. Adela es el nombre de su abuela materna; Elisa, el de su abuela paterna. Martínez es el apellido de su padre y Briceño, el **apellido de soltera** de su madre. Sí, porque en el mundo hispano es costumbre usar también el apellido de la madre.

(Continúa.)

Muchos nombres tienen una forma **corta** y familiar, que es el **sobrenombre**. El sobrenombre de Elena es Nena; el de Jorge, Yoyi; y el de Alberto, Beto. La profesora Martínez también tiene un sobrenombre, pero para ella el sobrenombre es algo muy personal y sólo su familia **lo sabe.** Sus amigos la llaman simplemente Adela.

A los hispanos les gusta **honrar** a sus parientes. Dar a un niño el nombre del padre, un tío o una abuela es una manera de apreciar a esa persona. En algunos casos, el primer nombre es el de un **santo**. Por ejemplo, un niño de familia **católica** nace el día cinco de septiembre y sus padres le dan el nombre de Tomás. El niño celebra entonces su cumpleaños en septiembre y además celebra el día de su santo, en este caso el siete de marzo, día de Santo Tomás de Aquino.

¿Tiene usted dos nombres? ¿Le gusta usar dos apellidos o prefiere sólo su apellido paterno? Si tiene un sobrenombre, ¡**compártalo** con sus compañeros de clase!

Comprensión

Diga si las siguientes oraciones son ciertas o falsas. Si son falsas, haga la corrección necesaria.

MODELO: Los hispanos generalmente reciben un solo nombre. →
Es falso. Los hispanos generalmente reciben dos nombres.

1. Los hispanos llevan sólo el apellido del padre.

   Es falso. Los hispanos llevan el apellido de padre o de mad

2. El sobrenombre es la forma familiar de un nombre.

   Cierto.

3. Los amigos de Adela saben el sobrenombre de ella.

   Ciertos

4. Algunos hispanos católicos celebran el día de su santo.

   Cierto.

Un paso más... ¡a escribir!

¿Cuáles son nombres? ¿Cuál es el apellido del padre y cuál es el de la madre? Al final, ¡invente dos nombres!

MODELO: Virginia Elisa Fernández Morales →
Los nombres son Virginia y Elisa. Fernández es el apellido del padre. Morales es el apellido de la madre.

1. María Luisa García Fernández

   Los nombres son María y Luisa. García es el apellido del madre y fernandes el apellido del padr

2. José Ignacio Martínez Gutiérrez

   Los nombres son Jose y ignacio. Gutierrez es del padre y Martines es del

3. Irma Angélica Hernández Ochoa

   Los nombres son Irma y Angelica. Hernandez es del padre y Ochoa es del padre

4. Tomás Benito Valdés González

Son nombres es Tomás y Benito. Valdes es del padre y gonzáles es del madre

5. ¿? _____

6. ¿? _____

 **LECTURA**

Los amigos hispanos: Aquí está Nora Morales.

PISTAS PARA LEER

Nora studies history at the University of Texas in San Antonio. She is also a student in Professor Martínez's Spanish class. Scan the reading for cognates (words that are similar in English and Spanish, such as *personas* and *cultura* in the first paragraph). Then read the **Lectura** to learn about Nora's favorite classes.

VOCABULARIO ÚTIL

¿Qué tal?	*What's up?*
la mitad	*half*
chistoso	*funny*
A veces	*Sometimes*
tengo que decirle	*I have to tell him*
despacio	*slowly*

Pues, sí… ¡aquí estoy! **¿Qué tal?** Me llamo Nora y nací en San Antonio, Texas. Me gusta mucho vivir en esta ciudad. Aquí hay muchas personas que hablan español y nuestra cultura es muy hispana. Es lógico, ¿no? ¡La **mitad** de la población de San Antonio es hispana!

Nací el cuatro de julio de 1981. Entonces… ¿cuál es mi edad? Soy de estatura mediana; tengo el pelo castaño y los ojos verdes. Me fascina estudiar historia, especialmente la historia de México, porque de allí son mis padres. Y también me gusta mucho el idioma español; este semestre tengo una clase de español muy divertida con la profesora Martínez.

Tengo también una clase de química y otra de biología. En la clase de biología hay un muchacho mexicano muy amable y **chistoso**; se llama Raúl Saucedo. **A veces** practico el español con él y hablamos de México. Raúl habla muy rápido y con muchas palabras nuevas para mí. Siempre **tengo que decirle**… «Más **despacio**, por favor. ¡Más despacio!»

(Continúa.)

Comprensión

Diga si las siguientes oraciones son ciertas o falsas. Si son falsas, haga las correcciones necesarias.

MODELO: Los padres de Nora son de España. →
Es falso. Los padres de Nora son de México.

1. Nora nació el Día de la Independencia de los Estados Unidos.

   Cierto

2. Nora habla en español con un amigo norteamericano de la clase de biología.

   Es false. Nora habla es ingles con un amigo.....

3. A Nora le gusta mucho su clase de español.

   Cierto

4. Nora es alta y tiene el pelo negro.

   Es false. Nora es alta y tiene pero rubio

Un paso más... ¡a escribir!

Describa a su mejor amigo/a en una hoja de papel aparte. Use estas preguntas como guía: ¿Cómo se llama su amigo/a? ¿Cuándo nació? ¿Qué edad tiene? ¿Cuáles son sus características físicas? ¿Qué les gusta hacer a ustedes cuando están juntos?

Los lugares y las actividades Capítulo 3

Actividades escritas ✏️

✳ Los lugares

Lea Gramática 3.1.

A. ¿Adónde va usted para hacer estas cosas?

> MODELO: ¿Adónde va usted para comprar comida? → *Voy al supermercado.*

¿Adónde va usted…

1. para comer? __Voy al restaurante Johnnies__
2. para nadar? __Voy al a piscina publica en Norte Hollywood__
3. para estudiar? __Voy al a librería__
4. para comprar libros? __Voy al a bibloteca o al a internet__
5. para comprar papel y lápices? __Voy al a Staples__
6. para tomar el sol? __Voy al playa de Santa Monica__

B. ¿Qué hacemos en los siguientes lugares?

> MODELO: En la farmacia → En la farmacia *compramos medicinas.*

1. En un museo __En un museo mire murales__
2. En una zapatería __En una zapateria compramos zapatos__
3. En un almacén __En un almacén compramos almacen.__
4. En un lago __En un lago mire jugar de basquetbol__
5. En una iglesia __En una iglesia rezar__
6. En la biblioteca __En la biblioteca comprar libros__

Lea este párrafo sobre San José, Costa Rica. Luego, en una hoja de papel aparte, escriba de 10 a 12 oraciones sobre los lugares y las atracciones turísticas en la ciudad donde usted vive.

MODELO: San José, la capital de Costa Rica, es una ciudad antigua que también tiene zonas modernas. Hay muchos museos; por ejemplo, el Museo de Jade y el Museo de Oro. Cerca de donde yo vivo está el Parque España, entre las Avenidas 7ª (séptima) y 3ª (tercera). El Correo Central, en la Calle 2ª (segunda), es un edificio viejo y elegante y adentro hay un pequeño café. Detrás del correo está el Banco Nacional de Costa Rica. La Plaza de la Cultura está entre las Avenidas 1ª (primera) y 2ª. Alrededor de la plaza hay muchas tiendas y pequeños restaurantes; allí también está el Teatro Nacional. A veces voy de compras en el Centro Comercial el Pueblo. Allí está uno de mis restaurantes favoritos, La Cocina de Leña. La universidad de Costa Rica está en San Pedro y los jueves hay conciertos en la Facultad de Bellas Artes. Me gusta mucho vivir en San José porque la ciudad está en el centro del país y es fácil llegar a muchos lugares bonitos. Las playas del Pacífico o del Atlántico están a dos o tres horas de la capital y a veces mis amigos y yo pasamos el fin de semana en la costa.

✳ Las actividades diarias

Lea Gramática 3.2–3.3.

D. Escriba las actividades de un día típico en su vida. Use verbos de esta lista: **asistir a, caminar, charlar, escribir, estudiar, explorar el Internet, hablar, hacer (la tarea), jugar, leer, llegar, manejar, planchar, regresar, salir, trabajar.** Recuerde que las formas que necesita usar son las formas que corresponden al pronombre **yo: asisto, charlo, escribo, hago,** etcétera.

MODELO: ¿A las cinco de la tarde? → *(Yo) Estudio en la biblioteca.*

1. ¿A las siete y media de la mañana? *Yo voy a mi clase de español*
2. ¿A las nueve de la mañana? *Yo voy a la cafetería con mí amigos*
3. ¿A mediodía? *Voy a mi trabajar*
4. ¿A las dos de la tarde? *Estoy en mi trabajar*
5. ¿A las cuatro de la tarde? *Estoy en mi trabajar*
6. ¿A las seis y media de la tarde? *Estoy en mi trabajar*
7. ¿A las ocho y media de la noche? *Voy a mi casa*
8. ¿A las diez y cuarto de la noche? *Estoy dormir o com mi amigos*
9. ¿A medianoche? *Estoy dormir*

E. Suponga que usted va a compartir una habitación en la residencia estudiantil con otro/a estudiante. Usted quiere saber si van a tener conflictos o no. Escriba cinco preguntas (o más) sobre las actividades diarias o hábitos. Use verbos como **almorzar, bailar, beber, charlar, comer, dar fiestas, desayunar, divertirse, dormir, escuchar, fumar, hablar, hacer ejercicio, invitar, jugar, lavar, limpiar, leer, levantar pesas, llegar, recibir, recoger, regresar, salir, tocar (el piano, etcétera), trabajar, usar, ver la televisión.** Recuerde: Las formas corresponden al pronombre **tú:** almuerz**as**, charl**as**, com**es**, sal**es**, etcétera.

MODELO: ¿Lees? ¿Lees mucho o poco? ¿Te gusta leer en tu casa, en la biblioteca o afuera?

1. _____

_____

2. _____

_____

3. _____

_____

4. _____

_____

5. _____

_____

F. Lea este párrafo sobre la rutina de Raúl Saucedo. En una hoja de papel aparte, escriba de 10 a 12 oraciones sobre su propia (*own*) rutina los sábados.

MODELO: Soy estudiante de primer año en la Universidad de Texas en San Antonio y vivo en una residencia estudiantil de la universidad. Todos los días me levanto muy temprano y asisto a clases. Los sábados mi rutina es diferente. Los sábados me levanto un poco más tarde. ¡Cómo me gusta dormir hasta las nueve! Me ducho rápido porque a las nueve y media desayuno en un restaurante con varios amigos. Siempre desayuno huevos fritos con tocino y pan tostado. Después regreso a la residencia y estudio varias horas. A la 1:00 almuerzo en la cafetería de la residencia. Me gusta comer una hamburguesa o tacos y un refresco. Vuelvo a la residencia y estudio un poco más o juego videojuegos. A las cuatro, corro o nado por una hora y después me ducho y descanso. A las seis de la tarde ya estoy listo para salir con mis amigos. Nos gusta ir al cine o al teatro o a alguna discoteca para bailar. Después siempre comemos algo en algún restaurante en el centro de San Antonio. Vuelvo a casa a las 2:00 de la mañana y me acuesto inmediatamente.

✳ Las tres comidas

Lea Gramática 3.4.

G. Complete el cuadro con las comidas (carnes, papas fritas, legumbres, etcétera) que le gustan y con las que detesta (no le gustan).

ME ENCANTAN Y LAS COMO CON FRECUENCIA.	LAS DETESTO Y NUNCA LAS COMO.
1. Carnes	1. Salades
2. Fritas	2. pizza
3. ~~Pizza~~ Arroz	3. leche
4. Burritos	4. sushi

H. Cambie las siguientes oraciones por preguntas.

> MODELO: El desayuno en España es ligero. → *¿Es ligero el desayuno en España?*

1. El restaurante español está cerca.

   ¿Es cerca el restaurante español?

2. La comida mexicana es muy sabrosa.

   ¿Es muy sabrosa la comida mexicana?

3. Tu hermano prefiere la comida vegetariana.

   ¿Prefiere la comida vegetariana, tu hermano?

4. La profesora desayuna pan tostado y té.

   ¿Como desayuna pan tostado y te?

5. Ellos comen carne.

   ¿Ústedes comen carne?

6. Los niños necesitan tomar leche.

   ¿Necesitan los niños a tomar leche?

✳ ¿De dónde es usted?

Lea Gramática 3.5.

I. Complete las siguientes oraciones con la nacionalidad correcta. Use los mapas al comienzo (*beginning*) y al final del libro de texto.

> MODELO: Ricardo Sícora es de Caracas, es *venezolano.*

Nombre _Noa Eckstein_ Fecha _Dec. 8_ Clase _Español 1_

1. Armando Pinillos López es de Lima, es _____

2. Juan Llorens Munguía es de Barcelona, es _____

3. Patricia Quiñones Romo es de La Paz, es _____

4. Margarita Acosta García es de Quito, es _____

5. Rodrigo Lara Bonilla es de Bogotá, es _____

6. Cristina García Quijano es de Buenos Aires, es _____

7. Miguel Luis Peyro Carrillo es de Acapulco, es _____

8. Luz Marina Mora Sánchez es de San José, es _____

J. ¿Conoce usted a algunas personas de otros países? Lea el modelo y luego, en una hoja de papel aparte, escriba de 10 a 12 oraciones sobre dos de sus amigos extranjeros. Incluya, por lo menos, la siguiente información básica sobre cada persona: ¿Cómo se llama la persona? ¿Cuántos años tiene? ¿De dónde es? (ciudad, país) ¿Dónde vive él/ella ahora? ¿Dónde vive su familia? ¿Qué estudia esa persona? ¿Es casado/a o soltero/a? ¿Tiene hijos? ¿Qué le gusta hacer?

MODELO: Mi amiga se llama María Elena Pizano. Es boliviana, de La Paz, pero ahora es ciudadana estadounidense. Tiene veinte años. Ella y sus padres viven en San Francisco. Sus hermanos viven en Bolivia. Es soltera y no tiene hijos. No estudia; trabaja en un almacén. Los fines de semana le gusta jugar al tenis con sus amigos y salir a bailar con su novio Gerardo. También le gusta salir a cenar o ir a algún concierto.

▶ **R E P A S O   D E   P A L A B R A S   Y   F R A S E S   Ú T I L E S**

Use algunas de estas palabras y expresiones para completar correctamente lo que dicen las personas que aparecen en cada situación. Consulte las expresiones de cortesía al comienzo del libro de texto.

A dónde va   ✓De nada   ✓Lo siento
De acuerdo   ✓De veras

1.

2.

(Continúa.)

3.

Resumen cultural

Llene los espacios en blanco con uno de estos nombres, palabras o frases.

Arizona	estado libre asociado	Nueva Jersey	territorio
Barcelona	Florida	Nuevo México	Texas
Cabeza de Vaca	Antoni Gaudí	Edward James Olmos	la Universidad de
César Chávez	Granada	país latinoamericano	Barcelona
Sandra Cisneros	la Iglesia de la	el Parque Güell	Venezuela
Colombia	Sagrada Familia	Pablo Picasso	Verdadismo
Colorado	John Leguizamo	*Stand and Deliver*	*Zoot Suit*
Cortés	Managua	Alfonsina Storni	30.000
Ecuador	Soraida Martínez	Tegucigalpa	30.000.000

1. _____ es un famoso arquitecto español.

2. ¿Cómo se llama el estilo de arte abstracto con comentario social? _____

   ¿Quién es la creadora de este estilo de arte? _____

3. Los mexicoamericanos viven principalmente en los estados de California,

   _____, _____, _____ y

   _____.

4. Muchos cubanos viven en los estados de California, _____ y

   _____.

5. Hay más de _____ de hispanos que residen en los Estados Unidos.

6. _____ y _____, diseñados por Antoni Gaudí, están en

   la ciudad española de _____.

7. _____ es la autora de *The House on Mango Street*.

8. John Leguizamo y Shakira Mebarak son de _____.

9. La capital de Nicaragua es _____.

10. Quito es la capital de _____.

11. _____ funda la organización United Farmworkers en California.

12. Puerto Rico es un _____.

13. _____ es el primer explorador español en el territorio de los Estados Unidos.

14. _____ es una famosa poeta argentina.

Actividades auditivas

✳ **Los amigos animados**

A. El Club Pacífico

Un anuncio del Club Pacífico en KSUN, Radio Sol de California.

¿Qué actividades son mencionadas en el anuncio sobre el Club Pacífico?

1. __✓__ nadar y montar a caballo

2. __·__ jugar al fútbol

3. __✓__ hacer ejercicio en el club

4. ____ leer una novela popular

5. __✓__ correr o descansar en el parque

6. __✓__ practicar deportes

B. El tiempo en México y en Buenos Aires

Adriana Bolini es argentina y viaja mucho
por su trabajo. Ahora está en la Ciudad
de México y conversa con un amigo.

Complete la información sobre el tiempo.

	BUENOS AIRES	MÉXICO
En enero	*hace buen tiempo* Calor, mucho sol	mucho verdangl
En julio		

✳ Los lugares

C. Guillermo, el desorganizado

VOCABULARIO ÚTIL

le ayuda	*(she) helps him*
tengo que	*I have to*
¡Caray!	*Darn! Oh brother!* *(expression of disgust* *or impatience)*
las mañanas	*mornings*

Es hora de ir a al escuela. Guillermo, el hermano
de Amanda, no sabe dónde están sus cosas.
Amanda le ayuda.

¿Dónde están las cosas de Guillermo? Empareje correctamente.

1. Los cuadernos __D__.
2. Los libros __F__.
3. La chaqueta __A__.
4. Los zapatos negros __C__.

~~a.~~ está detrás de la puerta
~~b.~~ están en la biblioteca
~~c.~~ están en sus pies
~~d.~~ están encima de la mesa
~~e.~~ están al lado izquierdo de la puerta
~~f.~~ están debajo de la silla

D. ¿Dónde está la Facultad de Ciencias?

VOCABULARIO ÚTIL

¿Me puedes decir… ?	*Can you tell me . . . ?*
Por supuesto	*Of course*
las canchas de tenis	*tennis courts*
el Centro Universitario	*University Center*

Es el primer día de clases y Raúl le pide instrucciones a Nora. Los dos conversan en la plaza central.

❖ ❖ ❖

¿Dónde están estos edificios en la Universidad de Texas en San Antonio?

1. La Facultad de Ciencias está __cerca y frente plaza central__
2. La Facultad de Ingeniería está __al otra lado de cancha de tenis__
3. Los laboratorios de Ciencias están _____
4. Las canchas de tenis están __frente de gymnasio__
5. La parada de autobuses está __cerca de facultad__

E. El permiso

VOCABULARIO ÚTIL

el permiso	*permission*
la tienda de videos	*video store*
la acción	*action*

Amanda está en el colegio y quiere ir al centro. Llama a su mamá para pedirle permiso.

❖ ❖ ❖

(Continúa.)

Llene los espacios en blanco con la información necesaria.

GUILLERMO DICE	AMANDA DICE
Residencia ____ ____ _____[1] Saucedo.	Quiero hablar con mamá.
Mamá _____[2] el mercado.	Mamá no _está en el_[3] mercado los viernes.
¿Tienes un problema?	_Nel. nesicitga voy_[4] de compras y necesito permiso.
¿Qué _película_ _vas_[5] comprar?	Voy _a_ _Cemprar_[6] una película en la tienda de videos.

✳ Las actividades diarias

F. Un fin de semana ideal

VOCABULARIO ÚTIL

los dulces	*candy*
¡Bah!	*Oh! (expression of disgust)*
Paso	*I spend*
los videojuegos	*video games*
Duermo	*I sleep*

Es viernes y Amanda conversa con sus dos hermanos, Guillermo y Ernestito, después de la cena.

❖ ❖ ❖

¿A quién se refieren las siguientes actividades ideales, a Amanda (**A**), a Guillermo (**G**) o a Ernestito (**E**)?

1. _E_ Come dulces todo el día.

2. _G_ Pasa el día en el centro de videojuegos.

3. _E_ Juega con su perro, Lobo.

4. _A_ Duerme hasta muy tarde.

5. _E_ Anda en patineta.

6. _E_ Mira la televisión.

7. _A_ Lee una novela.

✳ Las tres comidas

G. ¿Qué te gusta desayunar?

VOCABULARIO ÚTIL

rico	*delicious*
calcio	*calcium*
Que les vaya bien	*Have a good day*
la comida chatarra	*junk food*

Son las siete de la mañana y los niños Saucedo
desayunan con su madre, Estela.

Conteste correctamente.

1. ¿Por qué dicen «gracias» los chicos?

   _____

2. ¿Qué es lo que no le gusta a Ernestito?

   _____

3. ¿Qué no quiere comer Ernestito?

   _____

4. ¿Cuáles son dos cosas que a Ernestito le gusta desayunar?

   _____

5. Según la mamá, ¿cuál es la comida más importante del día?

   _____

✳ ¿De dónde es usted?

H. La fiesta de Pilar

VOCABULARIO ÚTIL

te presento	*I'll introduce you to*
Encantada	*Very pleased to meet you*
¡Bienvenida!	*Welcome!*
Es un placer	*It's a pleasure*
tejana	*Texan*

Ciudades mencionadas

Managua, Nicaragua
San Antonio, Texas
Madrid, España
Valparaíso, Chile
La Habana, Cuba

(Continúa.)

Clara Martin está en una fiesta en Madrid, en casa de Pilar Álvarez, su amiga madrileña. Hay estudiantes de varios países en la fiesta.

❖ ❖ ❖

¿De dónde son los estudiantes que Clara conoce en la fiesta?

		CIUDAD	PAÍS
1.	David Fuentes		
2.	José Estrada	Chile	
3.	María Luisa Correa	Cuba	~~Avbmara~~
4.	Ester Fernández	N. Americine	

✳ ¡A repasar!

I. Raúl conoce a los estudiantes de la profesora Martínez.

VOCABULARIO ÚTIL

la pareja	partner
tampoco	neither

Raúl llama a su nueva amiga, Nora, y la invita a jugar al tenis. En las canchas, Raúl conoce a los amigos de Nora.

❖ ❖ ❖

1. ¿Qué estudia Raúl? _Mexicano historia_
2. ¿Qué estudia Nora? _Historia_
3. ¿Qué va a hacer Nora mañana a las 11:00? _Voy a jugar con sus amigos_
4. ¿Qué van a hacer ella y sus amigos después? _Va a almorzar_
5. ¿Dónde van a jugar al tenis? _Monica_
6. ¿Dónde van a almorzar? _~~~~ Monica, carmen_

Pronunciación y ortografía

✳ **Ejercicios de pronunciación**

I. PRONUNCIACIÓN: THE SILENT **h**

The letter **h** is never pronounced in Spanish.

A. Listen and then pronounce the following words that are written with the letter **h.**

hable, hombros, hombre, hola, hasta luego, hermano, hijo, hispano, hace, ahora

B. Listen and then pronounce the following sentences. Be sure not to pronounce the letter **h.**

1. ¿Qué hora es?
2. Los hombros del hombre son muy grandes.
3. Tengo tres hermanos; no tengo hijos.
4. —Hablo con usted mañana.
   —Hasta luego.
5. Hace mal tiempo ahora.

II. PRONUNCIACIÓN: **b, v**

The letters **b** and **v** are pronounced exactly the same in Spanish. Usually the lips are close together, but they are not completely closed. There is no equivalent sound in English, because English *b* is pronounced with the lips completely closed and English *v* is pronounced with the upper teeth on the lower lip.

A. Listen and then pronounce the following words, concentrating on producing an identical soft **b** sound for both **b** and **v.**

abuela, novio, favorito, avenida, debajo, febrero, cabeza, nuevo, lleva, corbata, automóvil

When preceded by the letters **m** or **n,** both **b** and **v** are pronounced hard as the English letter *b,* as in *boy.*

B. Listen and then pronounce the following words. Concentrate on producing a hard **b** sound for both **b** and **v.**

invierno, hombros, hombre, sombrero

C. Concentrate on the correct pronunciation of the letters **b** and **v** as you listen and then pronounce the following sentences.

1. El hombre lleva sombrero.
2. No hablen; escriban en sus cuadernos.
3. Yo nací en febrero y mi novio nació en noviembre.
4. Mi abuelo lleva corbata.
5. El automóvil nuevo está en la novena avenida.
6. Mi clase favorita es biología.
7. En el invierno llevo abrigo.
8. El libro está debajo del pupitre.
9. La primavera es mi estación favorita.
10. La estudiante nueva no habla bien el español.

✳ Ejercicios de ortografía

I. THE SILENT h

The letter **h** is silent in Spanish. If a word is spelled with an **h,** however, you must remember to write it, even though you do not hear it.

🎧 Listen and write the following words and phrases.

1. hablan
2. hombres
3. hola
4. hasta luego
5. hora
6. hermana
7. honduras
8. hace buen tiempo
9. historia
10. hospital

II. WRITING b, v

The spelling of words written with a **b** or a **v** must be memorized, since there is no difference in pronunciation.

🎧 Listen and write the words you hear, using **b** or **v.**

1. abuela
2. cabbesa
3. nuevo
4. febrero
5. novio
6. abril
7. primavera
8. habla
9. llevo
10. libro

III. WORD STRESS

If a word ends in a consonant (except **n** or **s**), it is normally stressed on the last syllable. For example: **hospital, universidad.** If the word ends in a consonant and is not stressed on the last syllable, an accent mark must be written on the stressed syllable.

🎧 Listen and write the words you hear. All must be written with an accent mark.

1. suéter
2. lápiz
3. fácil
4. difícil
5. fútbol

 ideoteca

✳ Los amigos animados

Vea la sección **Los amigos animados** de las **Actividades auditivas** para hacer la actividad correspondiente.

✳ Escenas culturales

los Estados Unidos

VOCABULARIO ÚTIL

la diversidad	*diversity*
la población	*population*
compuesto/a de	*made up of*
el lugar	*place*
el crecimiento	*growth*
las costumbres	*customs*
el mosaico de razas	*mosaic of races*

(Continúa.)

Lea estas preguntas y luego vea el video para contestarlas.

1. La población de los Estados Unidos está compuesta de ___B___.

    a. inmigrantes de Inglaterra, Alemania, Italia e Irlanda

    b. inmigrantes de América Latina

    c. inmigrantes de muchas partes del mundo

2. La influencia de la población hispana es evidente en ___B___.

    a. el norte del país

    b. la comida, el arte y las costumbres

    c. la arquitectura colonial

✳ Escenas en contexto

Sinopsis
Juan Carlos y Eduardo hablan antes de su clase.

VOCABULARIO ÚTIL

el grupo	(*musical*) *group*
con frecuencia	*frequently*
¡qué bacán!	*cool!*
Oye...	*Hey . . .*

Lea estas preguntas y luego vea el video para contestarlas.

A. ¿Cierto (**C**) o falso (**F**)?

1. __C__ Juan Carlos y Eduardo hablan antes de su clase de sociología.

2. __C__ Son las once de la mañana.

3. __F__ Juan Carlos y Eduardo tienen la misma clase de sociología.

4. __C__ A Juan Carlos le gusta mucho la música jazz.

5. __F__ Eduardo trabaja en un restaurante mexicano.

B. Complete con la información correcta.

1. Juan Carlos y Eduardo hablan antes de su clase de __Sociología__.

2. El apellido de Juan Carlos es _____ y el de Eduardo es

   _____.

3. La clase de sociología es a _____.

4. Eduardo trabaja en __restaurante__.

5. Este fin de semana, Juan Carlos va a _____.

 ecturas

 **La variedad musical**

 PISTAS PARA LEER

Here is a look at the world of Hispanic music, with emphasis on some of its popular artists. Scan the text for their names. Are you familiar with any of these people? Read the text a second time, focusing on the impact of Hispanic music in the United States.

VOCABULARIO ÚTIL

el éxito	*hit*
bailable	*dance (song or music)*
indígena	*native, indigenous*
el nivel	*level*
el papel estelar	*starring role (in a movie)*
el suceso	*event, development*

Lila Downs en concierto

La música hispana es muy variada. Los **éxitos** del momento se escuchan en todas partes: números **bailables,** canciones románticas, ritmos de rock. Pero la música folclórica también se escucha con entusiasmo. Hay países, como Bolivia y Perú, que tienen una tradición **indígena** muy rica. Estos países producen varios tipos de música con instrumentos nativos. Los ritmos tradicionales de origen africano, como la salsa de Puerto Rico y la bachata de la República Dominicana, también son muy populares en todo el mundo hispano.

Hoy en día la música latina está teniendo impacto en los Estados Unidos y a **nivel** internacional. Hay cantantes de mucho éxito, como el puertorriqueño Marc Anthony y la colombiana Shakira. Marc Anthony se conoce especialmente por sus canciones de salsa. Y Shakira es una joven que escribe canciones poéticas con ritmo de rock. Una de las cantantes más famosas es Christina Aguilera, quien se distingue por su potente voz. Entre las más versátiles está Lila Downs, con un repertorio muy rico que incluye música tradicional mexicana. Lila canta dos hermosas canciones en la popular película *Frida* (2002).

Estos artistas cantan en inglés y en español, y varios, como Shakira y Marc Anthony, representan bien el fenómeno cultural llamado *crossover*. Pero no sólo los artistas jóvenes reciben el aplauso entusiasta del público estadounidense. Hay músicos mayores muy famosos en este país y en todo el mundo. Entre ellos está la cubana Celia Cruz, con sus canciones bailables y un **papel estelar** en la película *Mambo Kings* (1992). De Cuba también son Omara Portuondo e Ibrahim Ferrer, cantantes del aclamado film y disco *The Buena Vista Social Club* (1999).

(Continúa.)

La presencia musical hispana en los Estados Unidos no es un **suceso** reciente. Ya en los años 20 del siglo pasado se pone muy de moda aquí el tango argentino. Luego los estilos hispanos aparecen en las películas musicales de Hollywood y en las obras de teatro de Broadway. Por último, en los años 40 y 50 hay una explosión de música latina en Nueva York, con influencia puertorriqueña y cubana. Lo que sí podemos decir es que hoy en día muchos cantantes y músicos hispanos están en el *mainstream* de la sociedad norteamericana. Y su música se caracteriza por su gran variedad.

Comprensión

Identifique.

1. _A_ salsa
2. _K_ Marc Anthony
3. _G_ tango
4. _E_ Shakira
5. _B_ instrumentos nativos
6. _D_ bachata
7. _H_ *Buena Vista Social Club*
8. _E_ Bolivia y Perú
9. _C_ Lila Downs
10. _J_ cantantes de *crossover*

a. música bailable del Caribe
b. se usan para interpretar la música folclórica
c. cantante puertorriqueño
d. música de moda en los Estados Unidos en los años 20
e. países de rica tradición musical indígena
f. cantante colombiana muy famosa
g. música tradicional de la República Dominicana
h. un film y un disco muy popular de música tradicional cubana
i. canciones de rock muy populares
j. cantante muy versátil que canta en una película popular
k. cantantes hispanos que son famosos en la sociedad estadounidense

Un paso más... ¡a escribir!

¿Qué tipo de música le gusta escuchar a usted? Primero, marque sus preferencias. Luego entreviste a un compañero o a una compañera de clase para saber qué tipo de música escucha. Entonces escriba una composición de dos párrafos titulada «La música favorita de (*nombre*)».

TIPO DE MÚSICA	ME GUSTA MUCHO	UN POCO	NO ME GUSTA
clásica			✓
jazz			✓
rock	✓		
rap			✓
hip-hop			✓
folclórica			✓
popular			✓
otro tipo de música	✓		

Metal
Death metal
hard rock
oldies

LECTURA Los amigos hispanos: Adela Martínez, profe de español

PISTAS PARA LEER

Professor Martínez was born in San Antonio, Texas. Here she describes her favorite activities and her summer courses. As you read, visualize her favorite activities and the places she describes.

VOCABULARIO ÚTIL

tiene sentido	*it makes sense*
llegamos a conocernos	*we'll get to know each other*
De vez en cuando	*Once in a while*
me pone	*it makes me*
le hago la lucha	*I try (coll. Mex.)*
el descanso	*rest*
estadounidense	*U.S. citizen*
picante	*hot, spicy*
aburrirlos	*to bore you*

¿Tiene usted pasatiempos? ¿Qué actividades hace en su tiempo libre? ¡Ay, esas son preguntas de una clase de español! Claro, **tiene sentido,** pues soy «profe» de español. Pero no quiero hablarle de mi trabajo solamente. Mejor le cuento de mis pasatiempos y mis actividades. Así **llegamos a conocernos** un poquito mejor, ¿qué le parece?

Pues bien, uno de mis pasatiempos favoritos es conversar con los amigos en algún café o restaurante. Siempre discutimos una variedad de temas con entusiasmo, como la cultura hispana, la literatura, el cine y la política. **De vez en cuando** monto a caballo; es una actividad muy divertida. En mi tiempo libre también escucho música. Me gusta la música folclórica y la clásica.

¿Qué hace usted cuando está triste? ¡Ay, más preguntas! Soy una profesora muy típica, ¿verdad? Bueno, cuando yo estoy triste toco la guitarra. La guitarra siempre **me pone** contenta. A mis estudiantes les fascina escucharme cantar canciones tradicionales como «Cielito lindo». La verdad es que no canto muy bien, pero, como decimos los mexicanos, **le hago la lucha.** Y mis estudiantes piensan que soy una gran cantante. ¡Qué buenos chicos!

¿Qué le gusta hacer a usted durante los veranos? ¿Generalmente estudia? ¿Trabaja? ¿Viaja? Pues yo combino el trabajo con el **descanso** y la diversión. Durante los veranos doy cursos de español en la ciudad de Guanajuato, México. Guanajuato es la capital del estado del mismo nombre, que está en el centro del país. Es una ciudad pequeña, muy hermosa, de aspecto colonial y con una historia muy interesante. En Guanajuato es fácil llegar a todas partes y la gente es amable y amistosa. Es el sitio ideal para los cursos de verano, creo yo.[1]

(Continúa.)

---

[1]*Guanajuato is the capital city of the state of Guanajuato, located in a mountainous region in the central part of Mexico. It was in this state that the uprising for independence from Spain took place in 1810. The city, situated in a valley and on the slopes of two mountains, is known for its historical politics, colonial style, and beauty. Every year in the fall, Guanajuato attracts international tourists for the Festival Cervantino, the week-long theater festival that pays homage to Miguel de Cervantes. The city also houses the infamous mummies discovered around Guanajuato, displayed in the Panteón Museum.*

Estos cursos son muy estimulantes para mí, además, porque a mis clases llegan personas de diferentes países. Normalmente tengo estudiantes árabes, chinos, japoneses, franceses y un gran número de canadienses y **estadounidenses.** Juntos hacemos excursiones, salimos por la noche a bailar y visitamos los museos. A veces los invito a mi casa a comer algo sabroso y **picante.** ¡Cuánto les gusta hablar de México cuando me visitan!

Bueno, pero mejor no les hablo más de mí, que no quiero **aburrirlos...**

Comprensión

Complete los siguientes comentarios. Más de una respuesta puede ser correcta.

1. Cuando la profesora Martínez está triste...

    a. conversa con sus amigos en un café.

    b. toca la guitarra y canta.

    c. monta a caballo.

2. La profesora viaja a Guanajuato todos los veranos porque...

    a. enseña un curso de español en esa ciudad.

    b. sus padres viven en Guanajuato.

    c. no hay cursos de verano en otras ciudades.

3. A los estudiantes de la profesora Martínez les gusta escucharla cantar porque...

    a. ella tiene una voz fantástica, de soprano.

    b. ella sabe cantar canciones mexicanas muy bonitas.

    c. con la música ellos pueden comprender la cultura de México.

4. A la profesora le gusta tener tiempo libre porque...

    a. entonces sale a cenar con sus amigos.

    b. necesita escribir libros sobre política mexicana.

    c. detesta su trabajo.

Un paso más... ¡a escribir!

Describa la ciudad donde usted nació o la ciudad donde vive ahora. ¿Es grande o pequeña? ¿Cómo se llama? ¿En qué estado del país está? Describa a la gente de su ciudad: ¿es amistosa, indiferente, alegre, amable? Termine su descripción con esta oración: **Mi ciudad es ideal para...**

La vida diaria y los días feriados

Capítulo 4

(A)ctividades escritas ✏️

✳ Los días feriados y las celebraciones

Lea Gramática 4.1–4.2.

A. ¿Qué actividades asocia usted con los días feriados?

1. En Navidad me gusta __bailar con mi amigas o van a cine por pelicula__.

2. Durante la Semana Santa quiero __no celebrar la semana Santa__.

3. El Día de la Madre voy a __mi restaurante favorita de mi mama__.

4. El Día de la Independencia me gusta __mire las bombas__ con __mis amigas de escuela__

5. El día de mi cumpleaños prefiero __voy a mis amigas casas por fiesta__.

6. La noche del Año Nuevo me gusta __celebrar con mi familia__.

7. En Nochebuena voy a __~~beber~~ y comer__ con __mi mama y hermano (pero mi hm no beber__

8. El Día de los Enamorados quiero __Cocinero la cena por mi novia__.

9. El Día de Acción de Gracias siempre me gusta __Cocinero una buena fiesta con__
   __mi mama por la familia__

10. El Día del Padre voy a __(no porque tiene padre) cocinero mi mama el desayuno. en la cama__

B. Escriba una composición de 12 a 15 oraciones sobre sus planes para el próximo día feriado. ¿Qué va a hacer? ¿Adónde quiere ir? ¿Con quién(es)? ¿Qué va a hacer allí? Use algunos de estos verbos: **acampar, cenar, dar una fiesta, descansar, esquiar, intercambiar regalos, invitar, ir a la iglesia, ir al cine, ir de compras, levantarse tarde, nadar, pescar, preparar una cena, ver los fuegos artificiales, ver un partido de fútbol, viajar, visitar a un amigo o una amiga.** Use una hoja de papel aparte.

✳ La rutina diaria

Lea Gramática 4.3–4.4.

C. Complete lógicamente los espacios en blanco con estos verbos: **bañarse, desayunar, despertarse, dormir, hablar, levantarse, preparar, salir, volver.** Puede usar los verbos más de una vez.

Soy Mónica. Vivo en casa con mis padres y asisto a la Universidad de Texas en San Antonio. Todos los días (yo) ~~bañarse~~ o *despertarse* ~~bañarse~~[1] a las seis de la mañana y luego *yo*

~~salgo~~ *bañarse*[2]. *Yo* *Desayunos*[3] con agua caliente y jabón. Mi

mamá también *despertarse*[4] a las seis de la mañana todos los días. Ella

cocina[5] el desayuno para toda la familia. Todos (nosotros)

~~comen~~ *hablamos*[6] a las siete. Después cada uno *salió*[7] para el

trabajo o para la escuela. A las tres de la tarde yo *preparo*[8] de mis clases y

vulvo[9] a casa. *Dormir*[10] un poco porque siempre estoy muy

cansada. Después *hablo*[11] con mi familia.

D. Escriba una composición de 12 a 15 oraciones sobre un lunes típico en su vida. Use una hoja de papel aparte. (Puede usar la composición de Mónica en la **Actividad C** como modelo.)

E. Narre lo que hacen estas personas. Use las siguientes palabras para expresar el orden de las actividades de cada persona: **primero, luego, después, mientras, antes** y **finalmente.**

MODELO: Alberto no puede despertarse. →

Primero se levanta. Luego bebe café. Después se ducha y finalmente se despierta.

1. Mónica va a la universidad.

Primero se consigue ~~vestir~~ ella ropa. Luego, ella preparar a volver ; ella tomas los libros. Después, ella sale la casa , y llega en la universidad.

2. Luis quiere llegar a tiempo a clase.

Luis, primero despertarse, y esperas por el baño(porque ello
hermana esta adentro) Luis, entonces afeitados y
despúes, bañarse.

3. La profesora Martínez va a salir.

Professora Martínez, primero lea el periódico. Antonces,
ella cepilla sus dientes, y aplica maquillaje (¡?¡).
Finalmente, ella aplicando perfume.

F. Mire los dibujos y describa lo que hace Ernesto.

MODELO: Después de despertarse, Ernesto se levanta.

1. Después de ___~~despertar~~ bañarse___,
   Ernesto ~~Sale de la cama~~ se seca apagado.

2. Antes de ___~~bañarse~~ cepilla sus dientes,___
   Ernesto ~~se seca apa~~
   afeitados.

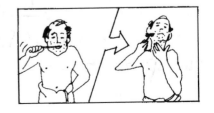

(Continúa.)

3. Son las 8:00 de la mañana. Después de

   ___desayuno___, Ernesto

   ___lea___ el periódico.

4. Finalmente, Ernesto ~~toma~~ *Sale la casa* ~~su sombrero~~

   después de ___tomar___ el sombrero.

5. Antes de ___trabajar___, Ernesto

   ___tomar taza de___ café.

¡Mucho trabajo!

✳ Los estados físicos y anímicos

Lea Gramática 4.5.

G. Diga cómo está usted o qué tiene según la situación.

   MODELO: Si no desayuno, a mediodía *tengo mucha hambre.*

   1. Soy estudiante, tengo cinco clases, estoy casada y tengo tres hijos pequeños. ¡Caramba! Yo
      estoy muy cansada, y tensionado... Necesito ayuda...

   2. Si mi hijo maneja el coche sin permiso, Ai... estoy enojada pero entender... ca
      uno desea conducir un coche... Lo hice una vez también... Y.

   3. Si escucho ruidos misteriosos a medianoche ¡¡Estoy mieda!! No quiero ruidos
      misteriosos a medianoche... apliende en la mañana

   4. Voy a casarme con mi novia ~~José Luis~~ *Leslye* porque ~~~~ te amo ella con todo
      mi corazón... (Deseo que podría casarla...)

   5. No puede tomar la clase a la siete porque ya son las ocho menos diez y tengo

      clase de español a las ocho.

H. Diga cuál es su reacción cuando se encuentra en los siguientes estados físicos y mentales.

MODELOS: ¿Qué hace usted cuando está triste? →
Cuando estoy triste escucho música.

¿Qué hace usted cuando tiene prisa? →
Cuando tengo prisa manejo rápidamente.

¿Qué hace usted cuando…

1. está aburrido/a? _Cuando estoy aburrida, escucho a musica_

2. está cansado/a? _Cuando estoy cansada, Voy a dormir_

3. está enojado/a? _Cuando estoy enojada, escucho musica de metal y_

4. está alegre? _Cuando estar alegre, voy a la cine con mi amigas death metal_

5. tiene sed? _Cuando tiene sed voy a restaurante para comprar soda_

6. tiene sueño? _No se, cuando yo hago cuando tiene sueño._

7. tiene frío? _Cuando tiene frio, leo en mi casa con taza de chocolate leche de_

8. tiene hambre? _Cuando hambre, voy a restaurante para comida_

I. Todos tenemos días buenos y días malos. Escriba una composición de 12 a 15 oraciones sobre sus estados físicos y anímicos. ¿Qué hace usted cuando está contento/a? ¿Qué prefiere hacer cuando está alegre? Cuando tiene hambre, ¿qué prefiere comer? Y, ¿qué hace usted cuando está triste? ¿Prefiere estar solo/a? ¿Escucha música? ¿Habla con un amigo / una amiga o con un familiar? ¿Qué hace cuando está preocupado/a? Y cuando tiene sueño, ¿qué hace usted? Use una hoja de papel aparte.

Resumen cultural

Yo, no se la historia de hispanicos! (mi professor de historia latino americanos sea borrid)

Llene los espacios en blanco con uno de estos nombres, palabras o frases.

aztecas	disfraces	Inti Raymi	la salsa
el carnaval	las Fallas	José Martí	su santo
carrozas	las Fiestas de San	mayas	1821
la cumbia	Fermín	Octavio Paz	1910
el Día de los Reyes	la Guelaguetza	José Guadalupe	
Magos	incas	Posada	

1. El 6 de enero en muchos países hispanos se celebra _____.

2. En muchos países del Caribe y de América Central, _____ se celebra en febrero o marzo.

3. El 24 de junio en Perú se celebra la Fiesta del Sol, _____.

4. En Oaxaca, México, cada julio se celebra _____, una fiesta de bailes y comida regionales.

(Continúa.)

5. Durante el carnaval mucha gente lleva _____ y bailan y cantan en las calles.

6. _____ es la música típica de Colombia.

7. _____ es un famoso poeta cubano, autor de *Versos sencillos*.

8. En la ciudad española de Valencia se celebra la fiesta de _____, en la cual queman grandes esculturas de cartón y madera.

9. En muchos países hispanos las personas celebran su cumpleaños, pero también celebran el día de _____; si se llama José, celebra el día de San José, el 19 de marzo.

10. _____ es un artista mexicano que se hace famoso por sus grabados de crítica social durante la dictadura de Porfirio Díaz.

11. Los quichés, cakchiqueles, mam y tz'utujiles son tribus de indígenas _____ que todavía habitan Guatemala.

12. Guatemala se independiza de España en el año _____.

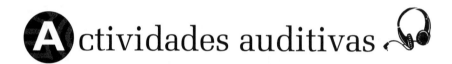 ctividades auditivas

✳ Los amigos animados

A. Carla llama a dos profesores.

Carla Espinosa necesita hablar de los exámenes finales con dos de sus profesores. Hoy, martes, los está llamando por teléfono.

❖ ❖ ❖

Escriba los días y las horas de consulta de los profesores.

	DÍAS	HORAS
1. el profesor Rico	Martes/Jueves	1 – 2:45
2. la profesora Lecuna	Martes/Miércoles	8:30 – 7 2 – 4

B. Silvia habla con un cliente.

Silvia Bustamante está trabajando en la
terminal de autobuses.

Escriba la hora de salida de los autobuses que van a la ciudad de Tampico.

El primero: __8:15__   El segundo: __11:20__   El último: __5:30__

❋ Los días feriados y las celebraciones

C. El salón de fiestas Alegría

VOCABULARIO ÚTIL

imagínese	*imagine*
la boda	*wedding*
preocuparse	*to worry*
alquilar	*to rent*

Ahora en KSUN, Radio Sol, vamos a escuchar un
anuncio comercial del salón de fiestas Alegría.

¿Qué ocasiones especiales se mencionan en el anuncio sobre el salón de fiestas Alegría?

a. _____ el Día del Padre

b. _✔_ el Día de la Madre

c. _✔_ el Año Nuevo

d. _____ la graduación

e. _✔_ la Navidad

f. _____ el Día de los Enamorados

g. _✔_ una boda

h. _✔_ un cumpleaños

70 pp's

D. Nada que celebrar

VOCABULARIO ÚTIL

el cuate	*pal (slang term for "very good friend," Mex.)*
Ah, ya	*I get it*
¡Anímate!	*Cheer up!*
el chaperón	*chaperone*

Diego Herrero, el hermano de Graciela, está jugando al básquetbol con su amigo Rafael. Los dos chicos son estudiantes en el Colegio Sagrado Corazón.

Escoja la respuesta más lógica.

1. Diego está triste porque…

    a. no tiene su tarea.

    b. no juega muy bien al básquetbol.

    c. no tiene novia y es el Día de los Enamorados.

2. Rafael dice que…

    a. las novias no son importantes.

    b. hay muchas muchachas en el colegio.

    c. Diego no necesita tener novia.

3. Rafael va a bailar en una discoteca con Graciela esta noche porque…

    a. es el cumpleaños de Graciela.

    b. es viernes.

    c. son novios.

4. Diego va a la discoteca también porque…

    a. Graciela necesita un chaperón.

    b. le gusta tomar cerveza.

    c. quiere bailar con Amanda.

✳ La rutina diaria

E. La solución perfecta

VOCABULARIO ÚTIL

a cinco cuadras   *five blocks away*
De ahora en adelante   *From now on*

La profesora Martínez conversa con Alberto sobre sus
actividades de la mañana.

¿Quién dice lo siguiente, la profesora Martínez (**P**), Alberto (**A**) o los compañeros de la clase de
Alberto (**CC**)?

1. __P__ ¿Por qué siempre llega tarde a clase?

2. __A__ Vivo a cinco cuadras de la universidad.

3. __A__ En la mañana me ducho, me pongo la ropa, me peino, desayuno, me lavo los dientes.

4. __CC__ ¡Siempre tarde!

5. __A__ Usted duerme mucho.

6. __P__ Tengo la solución perfecta: de ahora en adelante usted va a despertarse a las seis y media.

7. __CA__ ¡Qué temprano!

F. Una carta de Lola Batini

VOCABULARIO ÚTIL

la carta	*letter*
Por acá	*Here*
les enseño	*I teach them*
dar una vuelta	*to go for a walk*
	(or a ride)
el vecindario	*neighborhood*

Lola Batini es una maestra mexicana de 42 años
que vive en la Ciudad de México. Ahora le está
escribiendo una carta a Celia, una amiga que vive
en Chicago. Escuchemos la carta.

¿Cuándo hace doña Lola estas actividades? Complete las oraciones correctamente.

no comprendes...

1. _____ les enseña a las niñas a leer.

2. _____ les enseña matemáticas, ciencias naturales, historia y geografía.

3. _____ va a su casa y descansa un poco.

4. _____ se acuesta.

5. _____ su rutina es diferente.

※ Los estados físicos y anímicos

G. El examen de Pilar

VOCABULARIO ÚTIL

Para	*Stop*
Vale, vale	*OK, OK (Spain)*
perder el autobús	*to miss the bus*
si pierdes uno	*if you miss one*
buena suerte	*good luck*

José Estrada va caminando al Parque del Retiro[1] cuando ve a su novia, Pilar Álvarez. ¡Pilar va corriendo!

¿Cierto (**C**) o falso (**F**)?

1. __F__ Pilar quiere desayunar con José hoy.

2. __F__ El autobús pasa en diez minutos.

3. __C__ Pilar está preocupada porque tiene un examen hoy.

4. __C__ José corre porque él también va a tomar el autobús.

5. __C__ José va a hacer ejercicio en el Parque del Retiro.

H. Madrid en un día

VOCABULARIO ÚTIL

A este paso	*At this pace (At this rate)*
disfrutar	*to enjoy*
el espíritu de aventura	*sense of adventure*
supongo	*I suppose*

Lugares mencionados

la Plaza de España	una plaza famosa que tiene un monumento dedicado a Miguel de Cervantes, el autor de *Don Quijote*
el Palacio Real	el palacio de los reyes de España

Es verano y Pedro y Andrea Ruiz están de vacaciones en España. Hoy están caminando por la Plaza de España en Madrid, para luego visitar el Palacio Real.

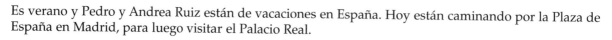

---

[1]Parque... un parque muy grande en el centro de Madrid

¿Cierto (**C**) o falso (**F**)?

1. _C_ Los dos tienen calor porque hace calor.

2. _C_ Andrea quiere visitar más lugares turísticos.

3. _F_ Pedro tiene mucha hambre y prefiere comer en un restaurante elegante.

4. _C_ Andrea está cansada y quiere comer.

5. _F_ Pedro admite que es imposible ver Madrid en un día.

❋ ¡A repasar!

I. Fiestas y deportes

VOCABULARIO ÚTIL

la fiesta de quince años	*coming out party*
requieren	*they require*
el esfuerzo	*effort*
chistoso	*funny*

Es un día de primavera en la Ciudad de México. Don Anselmo, un señor de 75 años de edad, y su amigo don Eduardo, quien tiene 80 años, están conversando en el parque.

Diga quién hace las siguientes actividades: don Eduardo, su esposa o don Anselmo.

1. _Don Eduardo_ Se levanta temprano.

2. _Su esposa_ Se acuesta tarde.

3. _Don Anselmo_ Es mayor que su esposa.

4. _Don Eduardo_ Baila menos que su esposo.

5. _Don Anselmo_ No va a muchas fiestas pero practica deportes.

6. _Don Anselmo_ Juega al dominó y a las cartas.

Pronunciación y ortografía

✳ Ejercicios de pronunciación

I. PRONUNCIACIÓN: j, g

The letter **g** before the letters **e** and **i** and the letter **j** are pronounced the same in Spanish. They are very similar to the letter *h* in English. The pronunciation of the **g** and **j** sound varies somewhat in different parts of the Spanish-speaking world. In some countries, it is pronounced stronger, with more friction in the throat, than in others.

A. Listen and then pronounce the following words with the letters **g** (followed by **e** or **i**) and **j**.

> colegio, sociología, gimnasio, inteligente, generoso, ojos, joven, roja, viejo, bajo, anaranjado, traje, hijo, mujer, junio, ejercicios, dibujo

B. Listen and then pronounce the following sentences. Be sure to pronounce the **g** and **j** correctly.

1. El libro rojo es el libro de sociología.
2. El libro anaranjado es el libro de geografía.
3. ¿Tienes aquí tu traje de gimnasia?
4. Señora, su hijo tiene los ojos muy bonitos.
5. Ese joven es muy inteligente y le gusta jugar al tenis.

II. PRONUNCIACIÓN: y

In Spanish the letter **y** is pronounced like the Spanish vowel **i** if it appears at the end of a word. Otherwise it is pronounced the same as the Spanish letter **ll**.

A. Listen and then pronounce the following words, in which **y** is pronounced **i**.

> y, hay, soy, muy

B. Now listen and pronounce these words, in which **y** is pronounced like **ll**.

> playa, leyendo, mayo, yo, uruguayo

✳ Ejercicios de ortografía

I. THE LETTERS j AND g

The letter **g**, before the vowels **e** or **i,** and the letter **j** are pronounced the same.

Listen to these words and write them with the letter **g** or the letter **j**.

1. ojos
2. geographia
3. joven
4. rojo
5. jugar
6. recoger
7. vieja
8. herreralmente
9. anaranjado
10. bajo

11. ___gente___   14. ___hijas___
12. ___traje___   15. ___jueves___
13. ___generosa___

II. THE LETTERS y AND ll

The letter **y** is pronounced similarly to the letter **ll: mayo, amarillo.** In the word **y** (*and*) it is pronounced as the vowel **i.** If it appears at the end of a word as in **voy, hoy,** it is also pronounced as **i,** but together in a diphthong with the preceding vowel.

Listen to the following words and write them with either **y** or **ll.**

1. ___Yo___   11. ___apellido___ (last name)
2. ___silla___   12. ___mayo___
3. ___voy___   13. ___llueve___
4. ___llorar___   14. ___hoy___
5. ___ay___   15. ___estoy___
6. ___llegar___   16. ___calle___
7. ___muy___   17. ___millón___
8. ___playa___   18. ___llendo___
9. ___amarillo___   19. ___soy___
10. ___llamar___   20. ___caballo___

Videoteca 📼

✳ Los amigos animados

Vea la sección **Los amigos animados** de las **Actividades auditivas** para hacer la actividad correspondiente.

(*Continúa.*)

✳ Escenas culturales

Guatemala

VOCABULARIO ÚTIL

hermoso/a	*beautiful*
las ruinas	*ruins*
la pirámide	*pyramid*
el templo	*temple*
la selva tropical	*rainforest*
el traje colorido	*colorful outfit*

Lea estas preguntas y luego vea el video para contestarlas.

1. Antigua fue la ciudad capital de Guatemala hasta __B__.

   a. 1983   (b.) 1783   c. 1773

2. La ciudad de Tikal es famosa por sus ruinas de la cultura __B__.

   (a.) maya   (b.) azteca   c. zapoteca

3. Los indios mayas-quichés se visten con trajes __A__.

   (a.) que ellos fabrican

   b. que compran en el mercado

   c. de color gris: saco, pantalones y corbata

✳ Escenas en contexto

Sinopsis

Roberto habla con un empleado en una tienda de discos.

VOCABULARIO ÚTIL

¿En qué te puedo servir?	*How may I help you?*
devolver	*to return (an item)*
el recibo	*receipt*
reembolsar	*to reimburse*
¡Qué pena!	*That's too bad!*
fíjate	*"ya know," look*
el/la guitarrista	*guitarist*

Lea estas preguntas y luego vea el video para contestarlas.

A. ¿Cierto (**C**) o falso (**F**)?

1. _____ El disco fue (*was*) un regalo de Navidad.

2. _____ Roberto trae su recibo.

3. _____ Roberto quiere comprar el nuevo disco de Ragazzi.

4. _____ El nuevo disco de Ragazzi sale el viernes.

5. _____ Roberto decide comprar un disco de otro grupo, Maná.

B. Complete con la información correcta.

1. Roberto recibió el disco para _____.

2. El empleado no puede (*is not able*) devolverle el dinero porque Roberto _____.

3. Al final Roberto decide _____ y cambiar (*exchange*) su disco por el nuevo disco de Ragazzi.

 ecturas

 **Poesía: «Cinco de mayo» por Francisco X. Alarcón**

Selección de su libro *Jitomates risueños* (1997)

 PISTAS PARA LEER

Francisco X. Alarcón (1954) is a famous Chicano poet and educator. In his poem "Cinco de mayo," Alarcón describes an important Mexican holiday that celebrates the victory of Mexico against the French army in the city of Puebla, on May 5, 1862.

VOCABULARIO ÚTIL

la batalla	*battle*
agitar banderas	*to wave flags*
un baile con piropos	*flirting dance*
la horchata	*cold drink made of almonds or rice*
las tostaditas	*corn chips*
un grito de alegría	*cry of joy*
ya mero	*almost*

El Cinco de mayo en Los Ángeles, California

Cinco de mayo

una **batalla**
en los libros
de historia

una fiesta
de música
y colores

una ocasión
para **agitar**
banderas

un baile
con piropos
y piñata

horchata
tostaditas
y guacamole

un mango
con chile
y limón

un grito
de alegría
y primavera

¡sí, **ya mero**
salimos
de vacaciones!

Nombre _____ Noa eckstein _____ Fecha _Dee 12_ Clase _Espanol 2_

Comprensión

1. ¿A qué batalla se refiere el poeta en el primer verso?
   _____

2. ¿Qué comidas y bebidas se mencionan en el poema?
   _____

3. El cinco de mayo hay fiesta con baile. ¿Qué otras cosas hay? Mencione cuatro.
   _____

4. ¿Por qué dice el poeta que pronto salimos de vacaciones? ¿A qué vacaciones se refiere?
   _____

 Un paso más… ¡a escribir!

¿Le gustaría tener más días feriados durante el año? Invente uno para ponerlo en el calendario y descríbalo en uno o dos párrafos. ¿Cómo se llama el día? ¿En qué fecha se celebra? ¿Cuáles son las actividades típicas de ese día?

 **LECTURA** # Los amigos hispanos: Las distracciones de Pilar

> **PISTAS PARA LEER**
>
> Pilar Álvarez Cárdenas is 22 and lives in Madrid, Spain. She studies graphic arts at the Universidad Complutense de Madrid. She also works part-time for the telephone company. Here Pilar describes herself. She says her life is typical. Do you agree? As you read, visualize the places she mentions.

VOCABULARIO ÚTIL

el diseño	design
el piso	apartment (Spain)
madura	mature
analizar	to analyze
el móvil	cellular phone (Spain)
doy un paseo	I take a walk
rodeadas	surrounded
el cortao	espresso coffee with milk
céntrico	central (conveniently located)

La Gran Vía en Madrid

(Continúa.)

¿Cómo es mi vida? Más o menos típica, pienso yo. Mis amigos dicen que soy una persona alegre. Me gustan las fiestas, el teatro, los museos y especialmente el cine. Por lo general estoy bastante ocupada estudiando o trabajando. Me siento contenta con mi carrera de **diseño** y artes gráficas. Creo que soy como muchas jóvenes españolas de hoy.

En Madrid vivo en un **piso** pequeño con mi hermana Gloria. Ella es tres años menor que yo, aunque es muy **madura** para su edad. En casa a veces la llamamos «Hermanita Mayor». Gloria estudia psicología y le gusta **analizar** a la gente. Es fácil ver a mi hermana por la calle con su **móvil** en mano. Así habla con sus amigas y amigos: ¡sus «pacientes»! Cuando Gloria analiza mi personalidad, la escucho con paciencia. La verdad, quiero mucho a mi hermana, pero debo admitir que no es fácil vivir con una psicóloga.

Nuestro piso está cerca del Parque del Retiro y del Museo del Prado.[1] Cuando no quiero estudiar más, **doy un paseo** por el Retiro. Ese parque enorme tiene muchos árboles y un hermoso lago. Es tan agradable caminar allí cuando hace sol. Y como vivimos **rodeadas** de cines, pues a veces me escapo a ver alguna película. Me gustan los documentales recientes de Estados Unidos y México, pero las películas que me encantan son las que cuentan historias humanas diferentes. Mi director español favorito es Almodóvar.[2] Siempre voy a ver sus nuevos filmes.

Cerca de nosotras hay también una discoteca muy buena. Los sábados por la noche bailo allí con mi novio y nuestros amigos. Y visito el Museo del Prado casi todos los domingos. Nunca me aburro de ver las obras de Goya y Velázquez, mis artistas preferidos. Después de ir al museo, paseo por la Gran Vía[3] y me tomo un **cortao** en algún café.

Mi hermana dice que vivimos en un lugar ideal porque todo está cerca y siempre hay algo que hacer. A mí también me gusta vivir en un sitio tan **céntrico.** Pero este piso tiene un problema para mí. ¡Es difícil estudiar aquí con tantas distracciones!

Comprensión

¿A quién se refiere cada descripción: a Pilar (**P**), a Gloria (**G**) o a las dos (**LD**)?

1. _____ Estudia psicología.

2. _____ Vive en un apartamento con su hermana.

3. _____ Le gusta analizar a la gente.

4. _____ Estudia diseño y artes gráficas.

5. _____ Vive cerca del Parque del Retiro y del Museo del Prado.

6. _____ Dice que viven en un lugar ideal.

7. _____ Le gusta caminar cuando hace sol.

8. _____ Es la hermana menor.

9. _____ Va a bailar a una discoteca los sábados por la noche.

10. _____ Le gustan los documentales y las películas de Almodóvar.

Un paso más… ¡a escribir!

Escriba una composición de dos o tres párrafos describiendo su vida como lo hace Pilar. Puede usar estas preguntas como guía: **¿Cómo es su personalidad? ¿Qué le gusta hacer en su tiempo libre? ¿Dónde vive? ¿Hay lugares interesantes cerca de donde usted vive?** Descríbalos.

---

[1] *The Museo del Prado houses approximately 3,000 paintings. The best of these represent artists from the 1500s, 1600s, and early 1800s. Paintings by El Greco, Diego Velázquez, and Francisco de Goya are the pride of the collection.*
[2] Pedro Almodóvar, director de *Todo sobre mi madre* (1999), *Hable con ella* (2003) y *La mala educación* (2004).
[3] La Gran Vía es una avenida en el centro de Madrid.

Las clases y el trabajo

Capítulo 5

Ⓐ ctividades escritas ✏️

✳ Las actividades en la clase de español

Lea Gramática 5.1.

A. Lea las oraciones y llene los espacios en blanco con los pronombres apropiados: **me, te, le, nos** o **les.**

MODELO:

Somos amigos: tú **me** dices las respuestas

de la tarea de matemáticas y yo **te** digo

las (respuestas) de la tarea de español, ¿vale?

1. Luis y yo tenemos una buena amiga en el banco. Ella **te** explica cuando

   tenemos problemas. Nosotros siempre **nos** decimos «Gracias».

2. Para el Día de San Valentín, Esteban **me** escribió una tarjeta romántica a

   Nayeli, una nueva estudiante. Nayeli **me** escribió una carta larga a

   Esteban.

3. La profesora Martínez **te** pregunta a mí y a Mónica si queremos ir a

   Guanajuato con ella. Nosotros **nos** contestamos: —Sí, sí, ¡por supuesto!

4. La profesora _____ hace la misma pregunta a Carmen y a Nora. Ellas

    también aceptan la invitación. _____ dicen: —¡Sí! ¡Gracias!

5. Esteban dice: —Hola, Luis. ¿_____ lees la carta de mi nueva amiga,

    Nayeli, por favor?

    Luis: —Sí, Esteban. Con mucho gusto _____ leo la carta si tú _____ dices

    qué tienes en esa caja.

B. Escoja el verbo apropiado para completar cada oración: **aprender, comprender, decir, empezar, enseñar, escribir, escuchar, explicar, hablar, hacer, hacer preguntas, preparar, recoger, terminar.** No olvide usar la forma correcta de cada verbo. Puede usar los verbos más de una vez.

1. En la clase la profesora *habla* _____ y los estudiantes *escuchan* _____.

2. Cuando yo no _____ algo, el profesor me _____.

3. Es necesario _____ el **Capítulo 4** hoy porque mañana vamos a

    _____ el **Capítulo 5.**

4. En la clase de español (yo) _____ a la profesora con cuidado y

    comprendo _____ casi todo lo que ella _____.

5. Todas las tardes _____ mi tarea.

6. En clase, cuando los estudiantes no _____ la gramática o el vocabulario,

    ellos le _____ a la profesora.

7. El profesor _____ la clase todas las noches.

8. El profesor _____ la tarea de los estudiantes antes de empezar las

    actividades del día.

9. Cuando la profesora _____ el vocabulario nuevo en la pizarra, nosotros

    _____ las palabras en nuestros cuadernos.

10. Nosotros _____ mucho porque el profesor enseña muy bien.

C. Lea este párrafo sobre la clase de francés de Ángela Lucero. Luego escriba un párrafo de 12 a 15 oraciones sobre lo que usted hace durante su clase de español. Use una hoja de papel aparte.

MODELO: Mi clase de francés empieza a las 9:00 en punto. Unos minutos antes, yo saludo a mis compañeros. Luego escucho las explicaciones de la profesora. Ella dice en inglés: «*Class, today we are going to read. Miss Lucero, please, read . . .* » Oigo mi nombre, entonces abro el libro y leo en voz alta. Después la profesora dice: «*Let's answer the questions.*» Yo saco mi cuaderno y mi lápiz y escribo las respuestas. Algunas veces termino antes y hago la tarea de matemáticas o leo los mensajes de texto en mi celular. La profesora es simpática, pero la clase es muy aburrida y no aprendo mucho francés. Finalmente, cuando es hora de salir, le doy la tarea a la profesora, les digo adiós a mis amigos y salgo.

✳ Las habilidades

Lea Gramática 5.2.

D. Escriba oraciones sobre actividades que usted no sabe hacer pero que otras personas sí saben hacer. Piense en actividades como **cocinar, nadar, navegar por Internet, patinar en el hielo,** etcétera.

     MODELOS: Yo no sé reparar carros, pero mi novio sí sabe.

                      Yo no sé hablar francés, pero mi amiga Nicole sí sabe.

1. _____

2. _____

3. _____

4. _____

5. _____

6. _____

E. Piense en cinco personas famosas y escriba una oración sobre cada una describiendo la actividad que sabe hacer muy bien.

     MODELO: La argentina Gisela Dulko sabe jugar al tenis muy bien.

1. _____

2. _____

3. _____

4. _____

5. _____

F. ¿Puede(n) o no puede(n)? Escriba sí o no y por qué.

     MODELO: ¿Puede usted ver la televisión y estudiar español a la vez (*at the same time*)? →
                     Sí, porque soy muy inteligente.

1. ¿Puede usted comer y hablar a la vez?

    _____

2. ¿Puede un perro hablar inglés? ¿Y puede comprender inglés?

    _____

3. ¿Puede usted escribir bien con la mano izquierda? [(No) Soy zurdo/a. = *I am (not) left-handed.*]

    _____

4. ¿Pueden nadar los peces? ¿los pájaros (*birds*)?

    _____

5. ¿Pueden los estudiantes dormir y aprender a la vez?

    _____

✳ Las carreras y las actividades del trabajo

Repase Gramática 2.5 y lea Gramática 5.3–5.4.

G. Usted está en una fiesta y está identificando a varias personas que su amigo/a no conoce. Describa las actividades profesionales de esas personas.

MODELO: Esas señoras que están allí son *enfermeras* y trabajan en el hospital San Martín.

1. Este señor que está aquí es _____. Examina a sus pacientes en su consultorio.

2. Estas señoras que están aquí son _____ bilingües y enseñan en una escuela en Buenos Aires.

3. Este señor que está aquí enfrente es _____. Trabaja en un taller de reparaciones que está al lado del parque.

4. Esta joven que está aquí detrás corta el pelo en la peluquería El Esplendor. Es

   _____.

5. Esos señores que están allí son _____. Están investigando la construcción de un puente como el Golden Gate de San Francisco.

6. Esa señorita que está allí trabaja de _____ en el Banco Nacional de México.

7. Esa joven alta que está allí es _____. Ayuda a sus clientes a administrar (*to manage*) el dinero.

8. Aquellas señoritas que están allá cerca de la puerta cantan en el Club de Catalina. Son

   _____.

9. Aquel señor que está allá es _____. Atiende mesas en el restaurante El Patio Andaluz.

10. Aquellos señores que están allá son _____. Investigan a las familias que maltratan a sus hijos.

H. ¿Qué están haciendo?

MODELO: Es domingo y son las seis de la mañana. Usted está en su casa. ¿Qué está haciendo? → *Estoy durmiendo. ¡Es muy temprano!*

1. Es lunes y usted está en su trabajo. ¿Qué está haciendo?

   _____

2. Es martes. Son las seis de la tarde y usted está en la biblioteca. ¿Qué está haciendo?

   _____

3. Son las ocho de la noche. El cocinero está en el restaurante. ¿Qué está haciendo?

   _____

4. Es viernes por la tarde. Usted y su novio/a (esposo/a) están en el cine. ¿Qué están haciendo?

_____

5. Es jueves por la mañana y el médico está en el hospital. ¿Qué está haciendo?

_____

6. Es/Son la(s) _____ de la _____. Usted y su mejor

amigo/a están en _____. ¿Qué están haciendo?

_____

I. Escriba una composición de 12 a 15 oraciones sobre el trabajo que tiene actualmente (*currently*) o su trabajo ideal. ¿Qué tiene que hacer en su trabajo? ¿Cuáles son sus actividades allí? ¿A qué hora entra y a qué hora sale? ¿Es simpático su jefe/a? ¿Es bueno el sueldo? ¿Le gusta su trabajo? ¿Por qué? ¿Cuáles son los aspectos positivos de su trabajo? ¿y los negativos? Use una hoja de papel aparte.

✳ Las actividades futuras

Lea Gramática 5.5.

J. Termine esta nota con sus planes para su próximo cumpleaños. Use actividades como **desayunar, almorzar, ir al cine, pasear por la playa, salir a bailar, tener una fiesta,** etcétera. Luego puede darle la nota a su novio/a, a su esposo/a, a su mejor amigo/a o a sus padres.

Querido/a _____:

El (fecha) _____ es el día de mi cumpleaños.

Por la mañana tengo ganas de _____

_____

También me gustaría _____

_____

A mediodía pienso _____

_____

Por la tarde quiero _____

_____

Por la noche quisiera _____

_____

_____
(*su firma*)

K. Piense en su futuro. Escriba una composición de 12 a 15 oraciones sobre sus planes y deseos. ¿Qué va a hacer? ¿Qué le gustaría hacer después de graduarse? ¿Tiene ganas de descansar unos meses o piensa buscar empleo inmediatamente? ¿Quisiera viajar? ¿Adónde? ¿Le gustaría mudarse (*to move*) a otra ciudad / otro estado? ¿Qué otras cosas piensa hacer? Si usted ya se graduó (*graduated*), hable de sus planes para después de casarse (*getting married*) o jubilarse (*retiring*). Use una hoja de papel aparte.

L. Narre las actividades de estas personas usando los verbos que aparecen después del título. Use también **primero, después, luego, más tarde, finalmente.** Al terminar, describa qué le gustaría hacer a cada persona.

> MODELO: El coche de Alberto es viejo. (**hablar, irse, llevar, pagar, reparar, revisar**)

Alberto lleva su carro al taller de mecánica. Primero, Alberto habla con el mecánico. Luego, el mecánico revisa el carro y habla con Alberto sobre los problemas y cuánto cuesta el servicio. Después, el mecánico repara el carro. Más tarde, Alberto le paga a la cajera pero,... ¡le gustaría irse sin pagar!

1. La profesora Martínez regresa del trabajo. (**acostarse, beber, cenar, llegar, preparar, tener sueño**)

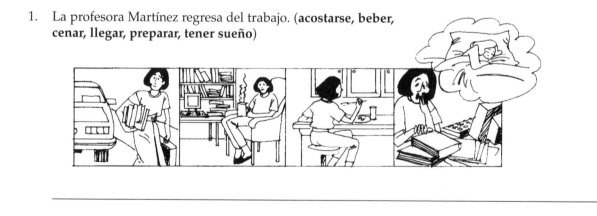

_____

_____

_____

2. La terapeuta atiende al paciente. (**ayudar, dar masaje, examinar, jugar/divertirse, traer**)

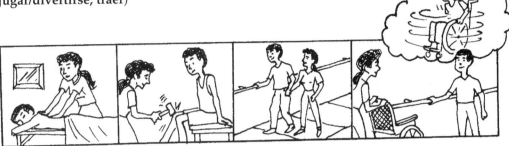

_____

_____

_____

3. Esteban trabaja en un restaurante. (**atender, invitarla, limpiar, recoger, servir**)

_____

_____

_____

4. La doctora Hernández está muy cansada. (**dormir, examinar, hablar, leer, llegar, operar**)

_____

_____

_____

(Continúa.)

5. Un buen abogado trabaja mucho. (**defender, entrar, hablar/consultar con, jugar, pagar**)

_____

_____

_____

Resumen cultural

Complete con la información cultural del **Capítulo 5.**

1. ¿Cómo se llama el héroe nacional que proclama la independencia de Venezuela en 1811?

    _____

2. ¿Qué quiere decir este gesto?  _____

3. ¿Cómo se dice @ en español? _____

4. ¿Qué quiere decir este gesto?  _____

5. ¿Qué tribu principal de indígenas habita Venezuela cuando llega Cristóbal Colón?

    _____

6. ¿Cómo se llama el famoso pintor venezolano que pinta murales de contenido social y de

    protesta? _____

7. ¿Qué quiere decir este gesto?  _____

8. ¿Cómo se dice *link* en español? _____

9. Nombre cuatro palabras del inglés que se usan en el español.

   _____

10. Nombre cuatro palabras del español que se usan en el inglés.

    _____

11. Nombre tres palabras usadas en inglés que son originalmente de idiomas indígenas.

    _____

Actividades auditivas

✳ Los amigos animados

A. Andrés está aburrido.

Hoy es domingo y Susana Yamasaki conversa
con Andrés, su hijo menor.

¿Cuál de las siguientes actividades quiere hacer (**Q**) Andrés y cuáles no quiere hacer (**N**)?

1. _____ leer su libro favorito   4. _____ ir al cine

2. _____ jugar con sus amiguitos   5. _____ ir al parque

3. _____ andar en patineta

B. ¡Feliz cumpleaños!

Hoy es el cumpleaños de Graciela y hay una
fiesta en su casa. Ahora Graciela conversa con
su hermano Diego.

Durante la fiesta de cumpleaños, ¿qué descubren Diego y Rebeca que tienen en común? Ponga un círculo
en las respuestas correctas.

a. Están en la cocina.

b. Les gusta la comida de la fiesta.

c. Hoy es su cumpleaños.

d. Quieren bailar.

e. Tienen una hermana.

✳ Las actividades en la clase de español

C. Dos clases muy diferentes

VOCABULARIO ÚTIL

la traducción   *translation*

Ashley Reed es una amiga de Carmen Bradley. Ashley también
toma una clase de idiomas, pero de francés. Ahora conversan
en la cafetería de la universidad.

¿Con quién asocia usted estas afirmaciones, con Carmen (**C**) o con Ashley (**A**)?

1. _____ Es una chica entusiasta, y le gusta mucho su clase de idiomas.

2. _____ Cree que su clase de idiomas es aburrida.

3. _____ En su clase aprende verbos y más verbos.

4. _____ En su clase de idiomas la profesora nunca habla inglés.

5. _____ Le gusta escuchar a su profesora.

6. _____ En su clase de idiomas la gramática y las traducciones son muy importantes.

7. _____ En su clase de idiomas hacen entrevistas, cantan y ven videos.

8. _____ Quiere viajar a España.

✳ Las habilidades

D. Un trabajo para Mónica

VOCABULARIO ÚTIL

conseguir	*to get*
el club nocturno	*nightclub*
diseñar sitios Web	*to design websites*
por tu cuenta	*on your own*

Mónica Clark quiere ganar un poco de dinero trabajando después de las clases. Ahora está charlando con Luis Ventura en la cafetería de la universidad.

❖ ❖ ❖

Complete correctamente.

1. Mónica no va a buscar empleo en un _____. Sólo sabe cocinar para grupos

    pequeños.

2. Mónica no va a buscar empleo en un banco porque _____

3. Mónica no va a buscar empleo en un _____ porque no sabe cantar muy bien.

4. Mónica puede _____ por su cuenta porque _____

    diseñar sitios Web.

E. El modesto

VOCABULARIO ÚTIL

impresionarla	*to impress her*
las que hago yo	*the ones that I make*
¡No me diga!	*You don't say!; you're kidding!*
la modestia	*modesty*
demasiado	*too much*
ordinaria	*ordinary*

Adriana Bolini conversa con Víctor Ginarte, un nuevo compañero del trabajo. Víctor quiere salir con Adriana y trata de impresionarla.

❖ ❖ ❖

(Continúa.)

Indique a quién describen estas oraciones, a Víctor (**V**), a Adriana (**A**) o a ninguno de los dos (**N**).

1. _____ Es un cocinero excelente y sabe hacer pizzas.

2. _____ Es una persona ordinaria.

3. _____ Sabe tocar la guitarra y cantar.

4. _____ Trabaja en una pizzería.

5. _____ Sabe pilotear un avión.

6. _____ Al fin, decide no salir a comer pizza con su compañero del trabajo.

✳ Las carreras y las actividades del trabajo

F. Grandes planes

VOCABULARIO ÚTIL

¡Qué gusto oírte!	*How nice to hear from you!*
recuerda	*remember*
los angelitos	*little angels*
la administración de negocios	*business administration*
mientras tanto	*meanwhile*
me despido	*I'll say good-bye*

Hoy es sábado y Lola Batini conversa por teléfono con Celia, su amiga que vive en Chicago, Illinois.

❖ ❖ ❖

¿A quién representan estos dibujos, a Lola (**L**), a Celia (**C**) o a las dos (**LD**)?

1. _____

2. _____

3. _____

4. _____

G. La casa nueva

VOCABULARIO ÚTIL

terminada	*finished*
Está instalando	*He is installing*
Sí, cómo no.	*Yes, of course.*

Ernesto y Estela van a tener una casa nueva. En este momento está casi terminada. Ahora Ernesto está hablando con el supervisor del proyecto.

❖ ❖ ❖

Conteste brevemente.

1. ¿Por qué no puede hablar Ernesto con el plomero? ¿Qué está haciendo él?

   _____

2. ¿Por qué no puede hablar Ernesto con el electricista? ¿Qué está haciendo él?

   _____

3. Por la tarde, ¿qué está haciendo el electricista?

   _____

4. ¿Con quién puede hablar Ernesto finalmente? _____

✳ Las actividades futuras

H. Los futuros doctores

VOCABULARIO ÚTIL

el regalo	*gift, present*
la talla	*size*
¡Igual que yo!	*Like me!; The same as I!*
especializarme	*to specialize*

(Continúa.)

Carla Espinosa trabaja de dependienta en una tienda de ropa en San Juan, Puerto Rico. En estos momentos está conversando con un joven cliente.

¿Cierto (**C**) o falso (**F**)?

1. _____ El cliente busca un regalo para su hermana.

2. _____ El cliente conoce a Carla porque los dos son estudiantes en la Universidad de Río Piedras.

3. _____ Él estudia literatura y ella estudia medicina.

4. _____ Carla piensa especializarse en España.

5. _____ El cliente quiere entrar en una buena escuela de medicina.

6. _____ El cliente decide comprarle un pijama a su mamá.

I. ¡Vamos a correr!

VOCABULARIO ÚTIL

el pan dulce   *sweet rolls (Mex.)*

Son las ocho de la mañana de un sábado de primavera. Nora Morales llama a Luis Ventura por teléfono.

¿Cierto (**C**) o falso (**F**)?

1. _____ Cuando Nora llama, Luis está durmiendo.

2. _____ Luis no tiene ganas de correr hoy.

3. _____ Nora insiste en que Luis necesita hacer un poco de ejercicio.

4. _____ Luis quiere leer el periódico antes de correr.

5. _____ Nora quiere correr la semana próxima.

6. _____ Van a tomar un café y comer pan dulce antes de correr.

✳ ¡A repasar!

J. ¡Qué noche más larga!

VOCABULARIO ÚTIL

la cuenta	*bill, check*
¡Ya era hora!	*About time!*
la demora	*wait*
listas	*ready*
Ya voy	*I'm coming*

Es un viernes por la noche y Luis está trabajando en el restaurante México Lindo. Es mesero y hoy todos están muy ocupados; hay muchos clientes. El gerente le pide ayuda a Luis.

❖ ❖ ❖

¿Con quién asocia usted estas afirmaciones, con Luis (**L**), con el gerente (**G**) o con los clientes (**C**)?

1. _____ Estoy muy ocupado; tengo cuatro mesas en este momento.

2. _____ Necesito tener más meseros. Sólo Luis está aquí hoy.

3. _____ No me gusta cuando los clientes esperan mucho tiempo. Necesito pedirles disculpas (perdón) a los clientes de las mesas cinco y seis.

4. _____ ¡Este hombre cree que yo tengo cuatro manos!

5. _____ ¡El servicio no es muy bueno hoy!

ronunciación y ortografía

✴ Ejercicios de pronunciación

I. PRONUNCIACIÓN: **p, t, c,** AND **qu**

The following consonants are pronounced very tensely: **p, t, qu** before **e** and **i**; and **c** before **a, o,** and **u.** In English these consonants are often pronounced in a more relaxed fashion and with a small explosion of air; no such explosion of air occurs in Spanish. Note also that the Spanish **t** is pronounced with the tip of the tongue touching the back of the upper teeth, whereas the English *t* is pronounced with the tongue further back, on the alveolar ridge.

A. Listen to the following words in English and Spanish.

ENGLISH	SPANISH	ENGLISH	SPANISH	ENGLISH	SPANISH
patio	patio	*taco*	taco	*casino*	casino
papa	papá	*tomato*	tomate	*Kay*	que

B. Listen and then pronounce the following words tensely, avoiding any escape of extra air.

pelo, piernas, piso, pizarra, planta, pluma, puerta, pequeño, Perú, perro, padre, poco, precio, país

taxi, tiza, traje, tiempo, teatro, televisión, trabajo, tocar, tomar, tenis

cabeza, castaño, corto, café, camisa, corbata, cuaderno

qué, quién, quiero, quince

C. Concentrate on the correct pronunciation of **p, t,** and **c/qu** as you listen and pronounce the following sentences.

1. El pelo de Luis es muy corto.
2. La camisa de Raúl es de color café.
3. Carmen tiene un traje de tenis nuevo.
4. ¿Quién tiene una corbata nueva?
5. Nora tiene un carro pequeño.

II. PRONUNCIACIÓN: LINKING

Words in spoken Spanish are normally not separated, but rather are linked together in phrases called breath groups.

A. Listen to the breath groups in the following sentence.

Voy a comer / y después / quiero estudiar / pero tal vez / si tengo tiempo / paso por tu casa.

Words within a phrase or breath group are not separated but pronounced as if they were a single word.

B. Notice especially the following possibilities for linking words. (C = consonant and V = vowel.)

C + V	más_o menos, dos_o tres, tienes_el libro
V + V	él o_ella, voy_a_ir, van a_estudiar, su_amigo, todo_el día

C. Notice also that if the last sound of a word is identical to the first sound of the next word, the sounds are pronounced as one.

C + C	los_señores, el_libro, hablan_naturalmente
V + V	Estoy mirando a_Alicia, ¡Estudie_en México!, ¿Qué va_a_hacer?

D. Listen and then pronounce the following sentences. Be sure to link words together smoothly.

1. No me gusta hacer nada aquí.
2. Los niños no tienen nada en las manos.
3. El libro está aquí.
4. Linda va a hablar con Norma.
5. Mi hijo dice que son nuevos los zapatos.

✳ Ejercicios de ortografía

I. THE LETTERS c AND q

The letter **c** followed by **a, o,** or **u** and the letters **qu** followed by **e** and **i** are both pronounced with the sound of the letter *k*. Only foreign words in Spanish are written with the letter **k.**

Listen and write the words or phrases you hear. Be careful to use the letters **c** and **qu** correctly.

1. _____
2. _____
3. _____
4. _____
5. _____

6. _____
7. _____
8. _____
9. _____
10. _____

II. WORD STRESS

A word that ends in a vowel and is stressed on the last syllable must carry a written accent on the last syllable. For example: **mamá.**

A. Listen and then write the words you hear stressed on the last syllable.

1. _____   4. _____
2. _____   5. _____
3. _____

A word that ends in the letters **n** or **s** and is stressed on the last syllable must have a written accent on the last syllable. For example: **detrás.** This includes all words ending in **-sión** and **-ción.**

B. Listen and write the words you hear stressed on the last syllable.

1. _____   6. _____
2. _____   7. _____
3. _____   8. _____
4. _____   9. _____
5. _____   10. _____

Words that end in an **-n** or **-s** in the singular and that are stressed on the final syllable, like **francés** or **comunicación,** do not need a written accent mark on forms with an additional syllable. This includes feminine forms, such as **francesa,** and plural forms, such as **franceses** and **comunicaciones.**

C. Listen and write the following pairs of words.

1. _____   →   _____
2. _____   →   _____
3. _____   →   _____
4. _____   →   _____
5. _____   →   _____

 ideoteca

✳ Los amigos animados

Vea la sección **Los amigos animados** de las **Actividades auditivas** para hacer la actividad correspondiente.

✳ Escenas culturales

Venezuela

VOCABULARIO ÚTIL

el noreste	*northeast*
cálido/a	*warm*
el libertador	*liberator*
el recurso económico	*economic resource*
el petróleo	*oil*
la naturaleza	*nature*
el río	*river*
el tepuye	*flat-topped mountain*

Lea estas preguntas y luego vea el video para contestarlas.

1. ¿Quién es Simón Bolívar? _____

2. ¿Cuál es el recurso económico más importante de Venezuela? _____

✳ Escenas en contexto

Sinopsis

Mariela quiere hablar con una consejera.

VOCABULARIO ÚTIL

consejero/a	*counselor*
¿Me comunica con... ?	*Can I please speak with . . . ?*
disculpe	*excuse me*
¿De parte de quién?	*Who's calling?*
dejar un recado	*to leave a message*
hacer una cita	*to make an appointment*
el currículum	*résumé*

Lea estas preguntas y luego vea el video para contestarlas.

A. ¿Cierto (**C**) o falso (**F**)?

1. _____ La señora Valenzuela es la consejera.

2. _____ En este momento la consejera está almorzando.

3. _____ La recepcionista le dice que Mariela debe volver a llamar en dos semanas.

4. _____ Mariela hace una cita para el viernes a las nueve de la mañana.

5. _____ La recepcionista le dice que es recomendable traer el currículum.

B. Complete con la información correcta.

1. Mariela quiere _____ con la consejera Valenzuela.

2. En este momento la consejera _____.

3. Mariela quiere hablar con la consejera sobre las posibilidades de _____.

Lecturas

La educación en el mundo hispano

PISTAS PARA LEER

Learn about the educational system in the Hispanic world. Read about some important universities and about academic programs for foreign students in Spanish-speaking countries. Consider the possibility of studying Spanish abroad!

VOCABULARIO ÚTIL

consta	*(it) consists*
la etapa	*stage, phase*
escogen	*they choose*
la facultad	*department (at a university)*
gratuita/gratis	*free of charge*
la tasa de alfabetismo	*literacy rate*
extranjeros	*foreigners*

San Jose, Costa Rica. Estos estudiantes de secundaria participan en un experimento en la clase de química.

La educación en el mundo hispano **consta,** por lo general, de cuatro **etapas:** la educación primaria, la secundaria, la preparatoria y la universitaria. Después de la secundaria, los estudiantes reciben enseñanza preparatoria si quieren seguir estudios universitarios. En la universidad **escogen** una carrera —medicina, derecho o ingeniería, por ejemplo— y estudian de cuatro a cinco años en la **facultad** de su elección.

La educación es un aspecto vital de la sociedad en muchos países hispanos. La escuela primaria es **gratuita** en casi todas partes. Y la **tasa de alfabetismo** llega a más del 90 por ciento en Argentina, Colombia, Costa Rica, Chile, Cuba, Ecuador, España, Paraguay, Puerto Rico, Uruguay y Venezuela. El sistema educativo de Uruguay es excelente. En este país la educación es gratuita para los estudiantes de primaria, secundaria y universitaria. Por eso la tasa del alfabetismo en Uruguay es tan alta: el 96 por ciento. Cuba también tiene una tasa de alfabetismo muy alta: el 95 por ciento. Todo lo relacionado con la educación es **gratis** para los cubanos, desde los libros hasta el transporte a la escuela.

Algunas de las universidades más respetadas del mundo están en países hispanos. En España la más antigua es la Universidad de Salamanca, que se funda en 1218. La República Dominicana tiene la primera universidad en América Latina: la Universidad de Santo Domingo, establecida en 1538. Luego se funda la Universidad Autónoma de México (UNAM) en 1551. Hay otras muy importantes, como la Universidad Autónoma de Barcelona, la Complutense de Madrid y la Universidad de Santiago de Chile.

Las universidades hispanas preparan a miles de estudiantes anualmente; muchas tienen programas académicos para **extranjeros.** La Universidad Complutense de Madrid, por ejemplo, ofrece cursos de español en el verano y todo el año. Si usted quiere seguir aprendiendo español, ¡explore las muchas oportunidades que le ofrecen las universidades hispanas!

Comprensión

1. Describa el sistema escolar en el mundo hispano. ¿Cuántas partes tiene? ¿Cuánto tiempo duran los estudios universitarios? ¿Cuáles son algunas de las carreras que los estudiantes escogen?

   _____

2. La tasa de alfabetismo en Uruguay y Cuba es alta. Explique por qué.

   _____

3. ¿Cuál es la universidad más antigua de España? ¿y la de América Latina?

   _____

Un paso más... ¡a escribir!

Mire la foto que acompaña esta **Nota cultural** y descríbala en un párrafo. Por ejemplo, ¿piensa usted que a estos estudiantes les gusta su clase? ¿Por qué? ¿Se ven interesados en el experimento? ¿Parece una clase interesante?

LECTURA La diversidad económica

PISTAS PARA LEER

Learn some interesting facts about the economy of several Hispanic countries. Go over the **Vocabulario útil.** What products are listed? As you read, take note of these products and the natural resources mentioned. Do you agree that economic diversity characterizes the Hispanic world? How is it diverse?

VOCABULARIO ÚTIL

en vías de desarrollo	*developing*
el recurso natural	*natural resource*
el yacimiento de platino	*platinum deposit*
el oro	*gold*
el bálsamo	*balsam*
el aceite	*oil*
agrícola/agrario	*agricultural*
la caña de azúcar	*sugar cane*
el cobre	*copper*
el vino	*wine*

El mundo hispano es muy diverso en su cultura y su economía. Hay países de cultura indígena, como Bolivia, y otros de cultura europea, como Argentina. Hay países prósperos, como España, Chile y Costa Rica, y otros **en vías de desarrollo,** como Honduras y Guinea Ecuatorial. Pero en su totalidad, los países hispanos forman un grupo muy rico: tienen una historia fascinante, industrias modernas, una variedad de **recursos naturales** y sitios turísticos hermosos.

(Continúa.)

La diversidad económica caracteriza al mundo hispano. Colombia, por ejemplo, exporta principalmente café y petróleo, pero también tiene los **yacimientos de platino** más grandes del mundo. Y la industria colombiana del **oro** emplea a muchos trabajadores. El Salvador produce más **bálsamo** que ningún otro país hispano. El bálsamo es un **aceite** vegetal que se usa para preparar perfume y algunos medicamentos.

La economía de muchos países hispanos depende de la agricultura. El 70 por ciento de la producción **agrícola** de Honduras viene de la costa norte del país, donde cultivan café, bananas y cereales. Nueve países producen y exportan plátanos (bananas): Colombia, Costa Rica, Ecuador, Guatemala, Honduras, México, Nicaragua, Panamá y Venezuela. Otro país con una economía basada en la agricultura es Guinea Ecuatorial, la única nación de habla hispana en África. El café, la banana y el cacao son algunos de sus productos agrícolas.

La **caña de azúcar** es un recurso natural muy importante en los países del Caribe, especialmente en Cuba y la República Dominicana. Pero la caña también se cultiva en España. La región de Andalucía, al sur, tiene un clima favorable para la caña de azúcar. La industria azucarera española se concentra allí.

Buenos Aires, la capital de Argentina, tiene una población de 10 millones de habitantes. Es una ciudad moderna, el centro industrial y comercial de todo el país. En otras regiones de Argentina hay ricos recursos naturales. Argentina exporta muchos de sus productos **agrarios** y minerales. También tiene una base industrial extensa. La economía de Chile es una de las más prósperas de América Latina. Chile es el mayor

El cultivo de la caña de azúcar en la República Dominicana

productor de **cobre** en el mundo. Además, su industria del **vino** emplea a mucha gente. Los vinos chilenos son famosos y excelentes.

¿Tiene usted ahora una idea de lo rico y diverso que es el mundo hispano? Esperamos que siga descubriendo esta diversidad.

Comprensión

Diga a qué país o países se refiere cada descripción.

1. Su economía es fuerte y tiene muchas minas de cobre.

   _____

2. La economía depende principalmente de la agricultura.

   _____

3. Este país de habla hispana está en África.

   _____

4. La caña de azúcar es uno de sus recursos naturales.

   _____

Los vinos chilenos son famosos por todo el mundo.

5. Su capital es el centro industrial de todo el país. _____

Un paso más... ¡a escribir!

Escriba un informe de una página sobre uno de los países mencionados en la **Lectura**. ¿Dónde está? ¿Cuántos habitantes tiene? ¿Hay lugares turísticos? Incluya información sobre la economía del país. ¿Cuáles son sus recursos naturales? ¿sus industrias? ¿sus productos de exportación?

La residencia

Capítulo 6

 ctividades escritas

✳ El vecindario y la casa

Lea Gramática 6.1–6.2.

A. Haga comparaciones.

MODELO:

Alberto   Esteban   Luis

(es: más alto que; el más alto de) → *Alberto es más alto que Esteban.*
Esteban es más alto que Luis.
Alberto es el más alto de los tres.

 el sofá   el sillón   la mesita

1. (es: más grande o más pequeño/a que; el/la más grande o más pequeño/a de)

_____

_____

_____

el abuelo el hombre el niño

2. (es: mayor o menor que; el mayor o menor de)

_____

_____

_____

el carro la casa la bicicleta

3. (es: más caro/a o más barato/a que; el/la más caro/a o más barato/a de)

_____

_____

_____

Amanda $1,000   Graciela $1,000   Ernestito $500

4. (tiene: tanto dinero como; no... tanto dinero como)

_____

_____

_____

la casa de los Ruiz   la casa de los Saucedo   la casa de los Silva

5. (tiene: tantas ventanas como; no... tantas ventanas como)

_____

_____

_____

6. (es: tan moderno como; no… tan moderno como)

_____

_____

_____

B. ¿Mejor o peor? Explique qué es mejor o peor y por qué.

MODELO: ¿Tener un baño o tener varios? →
Es peor tener varios baños porque es difícil limpiar los baños.

1. ¿Vivir en el desierto o vivir en el centro de una ciudad grande?

_____

_____

2. ¿Tener una casa pequeña o tener una casa grande?

_____

_____

3. ¿Vivir solo/a o vivir con la familia?

_____

_____

4. ¿Poner alfombra o poner piso de madera (*hardwood floor*)?

_____

_____

5. Comprar una casa con patio grande o comprar un condominio sin patio?

_____

_____

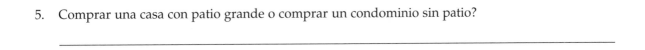 **C.** Un día típico. En dos o tres párrafos, describa un día típico en su casa y en su vecindario con su familia. ¿Qué hace usted con sus padres? ¿con sus hermanos? ¿con sus hijos? ¿con sus amigos? ¿Qué hacen juntos los fines de semana? Escriba los párrafos en una hoja de papel aparte.

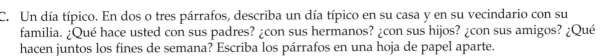 **D.** Escoja uno de estos temas y escriba una composición de 12 a 15 oraciones.

1. Describa su casa o apartamento. Diga cómo son el exterior y el interior. Describa las cosas que usted tiene en cada cuarto: los muebles, los aparatos, los cuadros.

2. Describa su vecindario en detalle. Comente sobre todo lo que hay en su vecindario: las casas, los apartamentos, las tiendas, los restaurantes, las escuelas, los parques y demás edificios.

※ Las actividades en casa

Lea Gramática 5.4.

E. Escriba cinco oraciones sobre quién en su familia tiene la obligación o el deber de hacer estos quehaceres domésticos.

> MODELO: mi hijo / tener que / lavar el carro → *Mi hijo tiene que lavar el carro.*

yo		limpiar la casa
mi madre/padre		cocinar/preparar la cena
mi(s) hermano(s)	tener que	pasar la aspiradora
mi(s) hermana(s)	deber	tender las camas
mis abuelos	necesitar	sacar la basura
mi(s) hijo(s)/hija(s)		ayudar a mamá
mi novio/a		¿ ?
mi esposo/a		
nadie		

1. _____
2. _____
3. _____
4. _____
5. _____

F. Escoja seis de los quehaceres a continuación y diga con qué frecuencia hay que hacerlos. Use **hay que** y **es necesario** para indicar obligación; use estas expresiones para indicar la frecuencia: **todos los días, cada noche, cada semana, todos los fines de semana, diariamente, a veces, nunca, muchas veces, a menudo, frecuentemente.**

Quehaceres: bañar al perro, barrer el patio, cocinar, hacer las compras, regar las plantas, desempolvar

> MODELO: lavar el carro → *Hay que lavar el carro cada semana.*

1. _____
2. _____
3. _____
4. _____
5. _____
6. _____

G. Escriba una composición de 12 a 15 oraciones sobre todas sus obligaciones en casa. ¿Qué tiene que hacer todos los días por la mañana? ¿Tiene que preparar el desayuno? ¿Tiene que lavar los platos? ¿Tiene que tender las camas? ¿Debe pasar la aspiradora? ¿Debe desempolvar los muebles? ¿Necesita preparar el almuerzo? Y por la tarde, ¿qué debe hacer? ¿Necesita preparar la cena? ¿Debe sacar la basura de la cocina? ¿Es necesario regar las plantas? ¿Debe barrer el patio? ¿Tiene que lavar la ropa? ¿Tiene que plancharla? ¿Tiene otras obligaciones? ¿Cuáles son?

✳ Las actividades con los amigos

Lea Gramática 6.3.

H. ¿Qué hizo la familia Saucedo ayer? Mire los dibujos y diga qué hizo cada persona.

MODELO: Ernestito jugó con su perro, Lobo.

1. Ernestito _____
2. Lobo _____
3. Amanda _____

4. Ernesto _____
5. Estela _____
6. Guillermo _____

I. Diga si usted hizo estas actividades o no el día de su último cumpleaños.

MODELO: ¿Bailó? → *Sí, bailé mucho en una fiesta en mi casa.*

1. ¿Se levantó temprano? _____

2. ¿Desayunó con su familia o con sus amigos? _____

3. ¿Charló por teléfono con su mejor amigo/a? _____

4. ¿Asistió a clases o se quedó en casa? _____

5. ¿Limpió su casa? _____

6. ¿Recibió muchos regalos? _____

7. ¿Cenó en un restaurante con su novio/a (esposo/a)? _____

8. ¿Bailó en una discoteca con sus amigos? _____

✳ Las presentaciones

Lea Gramática 6.4–6.5.

J. Escoja entre **saber** y **conocer.** Recuerde: Asocie **conocer** con «personalmente» y **saber** con «intelectualmente». Llene cada espacio en blanco con la forma correcta del verbo.

1. —¿_____ dividir sin calculadora, Esteban?

   —No, Carmen, yo no _____. ¡Es muy difícil!

2. —Profesora, ¿_____ usted el Zoológico de San Diego?

   —No, no lo _____. ¿Lo _____ ustedes?

3. —Raúl, ¿_____ si hay un buen restaurante mexicano cerca de la

   universidad?

   —Sí, hay uno excelente. Lo _____ muy bien porque como allí con frecuencia.

4. —Carmen, ¿es grande la casa de Lan?

   —No _____. No _____ su casa.

5. —Nora, ¿_____ dónde puedo comprar una guitarra buena?

   —Sí, Esteban, sí _____. Pero no _____ cuánto cuestan.

6. —Mónica, ¿_____ a la familia de la profesora Martínez?

   —No, solamente _____ a uno de sus primos.

7. —Profesora Martínez, ¿_____ usted cocinar?

   —No, Esteban, yo no _____ cocinar, pero _____

   preparar sándwiches muy buenos.

8. —¿_____ ustedes Madrid?

   —No, no conocemos esa ciudad, pero _____ que es la capital de España.

K. Llene los espacios en blanco usando estos pronombres de complemento directo: **lo/la, los/las.**

1. —Lan, ¿conoces a Esteban Brown?

   —Sí, _____ conozco bien. Somos amigos y compañeros de clase.

2. —Mónica, ¿vas a ver a tus amigos esta noche?

   —Sí, mamá. _____ voy a ver en el cine a las 7:00 de la noche.

3. —Pablo, ¿dónde están tus hermanos? No _____ veo.

   —Están aquí en el jardín, al lado del arbusto. No _____ ves porque no hay luz.

4. —¿Dónde están Luis y Nora? No _____ veo.

   —Profesora, no _____ ve porque no están aquí. Están enfermos hoy.

5. —Lan, ¿vas a invitar a Carmen y a Mónica a la fiesta?

   —Sí, claro que _____ voy a invitar. Son mis amigas.

L. Escriba un pequeño diálogo presentándole un nuevo amigo / una nueva amiga a su abuelo/a.

YO: _____

MI ABUELO: _____

_____

MI AMIGO/A: _____

_____

Resumen cultural

Complete con la información cultural del **Capítulo 6.**

1. De 1824 hasta 1838 Costa Rica formó parte de las Provincias _____.

2. En 1986 el presidente de Costa Rica, _____, recibió el _____.

3. La poeta Gioconda Belli es de _____.

4. En Puerto Rico la palabra **sato** quiere decir _____.

5. Los españoles trajeron perros de guerra, llamados _____, para ayudar en la colonización de las Américas.

6. En España hay ciudades muy viejas que datan del _____.

(Continúa.)

7. En general, las casas y los apartamentos en las ciudades hispanas son pequeños. Por lo tanto muchos hispanos van a _____ para pasear y conversar.

8. En la típica ciudad hispana hay muchas zonas mixtas. Describa una zona mixta.

   _____

9. ¿Cuándo tienen lugar las fiestas de las Posadas en México?

   _____

10. ¿Qué hace la gente del barrio para celebrar las Posadas?

   _____

11. En México otra palabra para **plaza** es _____.

Actividades auditivas

✳ Los amigos animados

A. Experimentos fantásticos

Ramón Gómez está de visita en casa de la familia Saucedo para ver a su novia, Amanda. Pero Amanda no está lista, así que Ramón conversa con Ernestito.

¿En qué clase —biología (**B**) o educación física (**E**)— hace Ramón las siguientes actividades?

1. _____ Hace ejercicio.

2. _____ Hace experimentos fantásticos.

3. _____ Practica deportes.

4. _____ Corre.

5. _____ Usa un laboratorio.

B. El ingeniero y el profesor

Pablo Cavic y Raúl Saucedo están en la cafetería de la universidad, conversando sobre sus futuras carreras.

¿Quién diría lo siguiente, Pablo (**P**) o Raúl (**R**)?

1. _____ Tengo que estudiar física.

2. _____ Mis clases son difíciles.

3. _____ Me gusta mucho el idioma español.

4. _____ Necesito tener paciencia para poder enseñar bien.

5. _____ Me gusta ayudar a la gente.

✳ El vecindario y la casa

C. ¡Mira, tenemos nuevos vecinos!

VOCABULARIO ÚTIL

se mudan	*they are moving*
el estilo de moda	*contemporary style*
seguramente	*most likely*

Las amigas Rosita Silva y Lola Batini están mirando por la ventana de la casa de Rosita. Están observando al señor y a la señora Rivas, que se mudan hoy a un apartamento del vecindario.

Escoja la mejor respuesta.

1. _____ lleva unos pantalones rojos.

    a. Doña Rosita

    b. El doctor Rivas

    c. La señora Rivas

    d. Doña Lola

(Continúa.)

2. _____ tiene las piernas largas y lleva unos pantalones cortos.

   a. Doña Rosita

   b. El doctor Rivas

   c. La señora Rivas

   d. Doña Lola

3. Los muebles de _____ son de color morado y azul.

   a. la sala

   b. la cocina

   c. el dormitorio

   d. el comedor

4. Para _____ los Rivas tienen muebles muy bonitos y modernos, según doña Lola.

   a. el baño

   b. la cocina

   c. el dormitorio

   d. el comedor

5. Las dos amigas creen que _____ porque su televisor es enorme.

   a. los Rivas ven mucho la televisión

   b. a los Rivas les gusta ver a la actriz Adela Noriega

   c. a los Rivas no les gustan las telenovelas

   d. los Rivas miran mucho el horno de microondas

D. Condominios El Paraíso

VOCABULARIO ÚTIL

pagar	*to pay*
cómodos	*comfortable*
privado	*private*
la alberca	*swimming pool* (*Mex.*)
No hay nada como el hogar	*There is nothing like home*

Y ahora KSUN, Radio Sol, le presenta un mensaje de Condominios El Paraíso, que están en Mazatlán, México.

❖   ❖   ❖

Complete los espacios en blanco.

¿Están cansados de pagar el _____¹ cada mes? Tenemos la solución perfecta.

Nuestros _____² son grandes y cómodos, con tres _____³,

dos baños y una gran _____⁴ con balcón privado. Tienen una

_____⁵ moderna y comedor separado. Venga a vernos. Estamos en la avenida

Mirador del Sur, número _____⁶, aquí en Mazatlán. Recuerde, Condominios El

Paraíso.

✳ Las actividades en casa

E. Limpieza a Domicilio Espinosa

VOCABULARIO ÚTIL

la Limpieza a Domicilio	*Housecleaning*
sacudimos	*we dust*
Disfrute	*Enjoy*
el tiempo libre	*free time*

Ahora KSUN, Radio Sol, presenta un mensaje comercial de sus amigos en Limpieza a Domicilio Espinosa.

❖ ❖ ❖

Complete el párrafo con la información necesaria.

Limpieza a Domicilio Espinosa: ¡el mejor servicio! _____¹ toda su casa por un

precio muy bajo. Pasamos la aspiradora y _____² de la sala y los dormitorios.

_____³ la cocina, el comedor y el patio, y _____⁴ por

solamente _____⁵ dólares. Disfrute de su tiempo libre mientras nosotros hacemos sus

_____⁶. Llámenos al _____⁷.

F. A la abuela le gusta el fútbol.

VOCABULARIO ÚTIL

todavía	*still*
el campeonato	*championship*
¿Podría?	*Could I?*
emocionante	*exciting*
mete más goles	*scores more goals*

Raúl Saucedo está visitando a su abuela, doña María Eulalia, en Guanajuato, México. Ahora conversan después de la cena.

❖ ❖ ❖

¿Quién diría esto, la abuela (**A**) o Raúl (**R**)?

1. _____ ¡Ahhh, sólo aquí puedo comer una comida tan deliciosa!

2. _____ Debe estar cansada después de preparar esta cena. Yo voy a lavar los platos.

3. _____ No voy a ver una telenovela. Prefiero ver el partido de fútbol.

4. _____ Las abuelas de mis amigos no son como usted.

5. _____ Prefiero el América, ¡el mejor equipo de México!

✳ Las actividades con los amigos

G. Un verano divertido

VOCABULARIO ÚTIL

me divertí	*I had fun*
hiciste/hice	*you did/I did*
chistosa	*funny*
la aficionada	*fan*
¡Increíble!	*Unbelievable!; Incredible!*

Raúl Saucedo está en la cafetería de la Universidad de Texas en San Antonio. Conversa con su amigo Esteban Brown sobre sus actividades del verano.

❖ ❖ ❖

¿Qué actividades hizo Raúl con su abuela durante el verano? Indique si es cierto (**C**) o falso (**F**) lo que expresan los dibujos.

1. ____

2. ____

3. ____

4. ____

5. ____

6. ____

✳ Las presentaciones

H. El nuevo compañero

VOCABULARIO ÚTIL

el bailador	*dancer*
a tus órdenes	*at your service*
con permiso	*excuse me*

Alfredo Gil es un joven uruguayo que estudia arquitectura en la Universidad Autónoma de México. Ahora está en una fiesta en casa de Nacho Padilla, quien también estudia arquitectura.

¿A quiénes corresponden estas descripciones? **¡OJO!** Puede haber más de una respuesta y algunas se usan más de una vez.

1. _____ Estudia arquitectura.

2. _____ Canta y toca la guitarra.

3. _____ Baila muy bien.

4. _____ Es la novia de Nacho.

5. _____ Le presentó sus amigos a Alfredo.

6. _____ Es un nuevo compañero de Uruguay.

7. _____ Le gustaría escuchar las canciones de Maribel.

8. _____ Tiene una fiesta en su casa.

a. Jorge Ávalos
b. Alfredo Gil
c. Carlos Hernández
d. Maribel
e. Silvia Bustamante
f. Nacho Padilla

✳ ¡A repasar!

I. Andrea quiere comprar casa.

VOCABULARIO ÚTIL

se quedó	*stayed*
compartir	*to share*
tienes razón	*you're right*
te advierto	*I'm telling you already*

Lugares mencionados

Satélite y San Ángel	barrios en la Ciudad de México

Los esposos Ruiz, Andrea y Pedro, necesitan una casa nueva. En este momento Andrea habla con Pedro. Ella salió ayer a ver varias casas. Él se quedó en casa; está muy ocupado escribiendo su nueva novela. Andrea le muestra fotos de las casas y los dos comparan una con otra.

(Continúa.)

¿Cierto (**C**) o falso (**F**)?

1. _____ La casa de Satélite es más cara que la casa de San Ángel.

2. _____ La casa de San Ángel tiene más dormitorios que la casa de Satélite.

3. _____ Los Ruiz necesitan cinco dormitorios.

4. _____ Pedro está preocupado por el precio de la casa de San Ángel; Andrea no le dice el precio.

5. _____ Andrea realmente no quiere la casa de San Ángel.

Pronunciación y ortografía

✱ Ejercicios de pronunciación

I. PRONUNCIACIÓN: g AND gu

The letter **g** is usually soft in Spanish, that is, the back of the tongue is near the roof of the mouth, but never completely closes it off, as it does in the pronunciation of English *g*. Remember that the **u** in the combinations **gui** and **gue** is never pronounced.

A. Listen and repeat the following words, concentrating on a soft pronunciation of the letter **g**.

> diga, estómago, abrigo, traigo, amiga, portugués, elegante, lugar, jugar, pregunta, llegar, hamburguesa, regular

When the letter **g** is preceded by the letter **n,** it may be pronounced hard as in the English letter *g* in the word *go*.

B. Listen and repeat the following words with **ng,** concentrating on a hard pronunciation of the letter **g**.

> tengo, pongo, vengo, domingo

C. Listen and then repeat the following sentences, concentrating on the correct pronunciation of the letter **g**.

1. Tengo un estómago muy delicado.
2. El domingo vamos a un lugar muy elegante para comer.
3. Yo me pongo el abrigo cuando hace frío.
4. Mañana traigo mi libro de portugués.
5. A Gustavo le gusta jugar al tenis.
6. Si vas a tocar la guitarra el domingo, no vengo.

II. PRONUNCIACIÓN: s

The letter **s** between vowels is always pronounced with the hissing sound of *s*, never with the buzzing sound of English *z*. Place your finger on your Adam's apple and pronounce *s* and *z* in English. You will feel the difference!

Listen and pronounce the following words. Be sure to avoid the *z* sound.

José, Susana, vaso, mesa, Rosa, Luisa, camisa, piso, esposa

✳ Ejercicios de ortografía

I. THE COMBINATIONS gue AND gui

Remember that the letter **g** is pronounced like **j** before the letters **e** and **i,** as in **gente** and **página.** In order for the letter **g** to retain a hard pronunciation before these vowels, the letter **u** is inserted, as in **portuguesa** and **guitarra.**

Listen and write the following words with **gue** and **gui.**

1. _____   3. _____

2. _____   4. _____

II. SEPARATING DIPHTHONGS

If the ending of a word rhymes with **María** or **frío,** an accent mark must be written on the **i.**

Listen and write the following words with an accent mark on the **i.**

1. _____   5. _____

2. _____   6. _____

3. _____   7. _____

4. _____   8. _____

ideoteca

✳ Los amigos animados

Vea la sección **Los amigos animados** de las **Actividades auditivas** para hacer la actividad correspondiente.

✳ Escenas culturales

Costa Rica

VOCABULARIO ÚTIL

la paz	*peace*
los ticos	*nickname of Costa Ricans*
la biodiversidad	*biodiversity*
el refugio	*refuge*
la reserva biológica	*biological reserve*
la vida silvestre	*plants and animals of the forest*
la tortuga baula	*leatherback turtle*
el volcán	*volcano*
el bosque	*forest*

Lea estas preguntas y luego vea el video para contestarlas.

1. ¿Cómo son los ticos (costarricenses)?

_____

2. Costa Rica tiene un sistema de _____ que protegen (*protect*) la naturaleza.

3. ¿Cuáles son los atractivos turísticos de Costa Rica?

_____

✳ Escenas en contexto

Sinopsis
Juan Carlos habla con una agente de bienes
raíces (*real estate*).

VOCABULARIO ÚTIL

el sol	*monetary unit of Peru*
razonable	*reasonable*

Lea estas preguntas y luego vea el video para
contestarlas.

A. ¿Cierto (**C**) o falso (**F**)?

1. _____ Juan Carlos quiere alquilar un
   apartamento.

2. _____ Juan Carlos prefiere vivir cerca de la universidad.

3. _____ Juan Carlos dice que sólo necesita un dormitorio.

4. _____ Juan Carlos prefiere cocina con lavaplatos.

5. _____ Juan Carlos ofrece pagar 1.600 soles por mes.

B. Complete con la información correcta.

1. Juan Carlos prefiere un apartamento con _____,

   _____ y _____.

2. Juan Carlos puede pagar entre _____ y _____ soles al mes.

ecturas

 **LECTURA** # Habla la gata Manchitas.

> ☀ **PISTAS PARA LEER**
>
> The Saucedo family has a very special cat. Her name is Manchitas (*Spots*), and she is a very observant animal with strong opinions! As you read, visualize Manchitas's life. If you have a pet, think about what it might observe in similar situations.

VOCABULARIO ÚTIL

las pulgas	*fleas*
los amos	*masters*
los seres humanos	*human beings*
¡Busca ratones!	*Go look for mice!*
ladran	*they bark*
las sobras	*leftovers*
la lengüita	*little tongue*

Estas **pulgas,** ¡estas pulgas! Aquí estoy en el sofá, muy aburrida. Es que mis **amos** casi nunca me prestan atención. Sólo los niños de esta familia, Ernestito y Guillermo, juegan conmigo. Y no siempre me gusta jugar con ellos. A veces me tratan mal, como un juguete. ¡Ay!

Mis amos, Ernesto y Estela, no saben que soy muy observadora. Ellos probablemente piensan que a mí sólo me gusta comer y dormir. ¡Ay! Los **seres humanos** no comprenden a los animales, y mucho menos a nosotros, los felinos.

Todos los días mis amos hacen las mismas cosas. Estela, mi ama, se levanta temprano y va a la cocina para tomar esa bebida negra y caliente que ellos toman todas las mañanas, el «café». Después, mi ama llama a mi amo, pero el señor siempre quiere dormir un poco más. Entonces ella abre las cortinas y en el dormitorio entra mucha luz. «¡Qué horror!», grita mi amo. «¡Es mucha luz! ¡No puedo abrir los ojos, Estela!»

Luego mi ama toca a la puerta de su hija Amanda y la muchacha sale de su cuarto. Amanda siempre saluda a su mamá; le dice «¡Buenos días!» La joven de esta familia no tiene problemas en despertarse. ¡Pero Ernestito y Guillermo sí tienen problemas! Estela va a su dormitorio y los despierta. Ellos también quieren dormir más. «¡Vamos, a la escuela!», dice mi ama. Y los dos niños se levantan poco a poco.

Ernesto se baña, se viste, lee el periódico, toma la bebida negra y dice algunas cosas complicadas que yo no comprendo. Mi ama y la señora Berta (que hace trabajos domésticos y también vive en esta casa) preparan el desayuno de la familia. Todos desayunan juntos casi siempre. (Mmmm. Los seres humanos comen mucho mejor que nosotros los gatos.) Después, Ernesto y sus hijos salen y mi ama se queda en casa.

Estela entonces me lleva afuera, diciendo: «¡Anda, vete, Manchitas! **¡Busca ratones!**» Hace frío por la mañana y no me gusta estar afuera; por eso siempre busco un poquito de sol o salto a la ventana. Desde la ventana puedo mirar a mi ama, que está adentro. Ella se baña, se viste, se maquilla, tiende la cama... ¡todos los días lo mismo! Y luego Berta sacude los muebles y pasa la aspiradora. ¡Miau! ¡No me gusta ese aparato!

Mi ama sale con Berta por la tarde. Creo que van al mercado, porque luego regresan con comida. Y yo me quedo en el patio, muy solita. Para divertirme me subo a la cerca del jardín. En el jardín vive Lobo, el perro de Ernestito. Y en la casa de al lado hay un perro que se llama Sultán. Los dos perros saltan y saltan para llegar adonde estoy yo. ¡Ja! No pueden subir; están muy gordos. ¡Y cómo **ladran**! A Ernestito le gusta Sultán; dice que quiere traerlo a vivir con nosotros. Pero ya tiene perro. ¿Dos perros en esta casa? ¡Miau!

Por las noches mis amos comen y me dan las **sobras.** Después de comer, van a visitar a los vecinos o a caminar por el barrio. Los niños miran el objeto de luz, que ellos llaman la «televisión». ¡Cómo les gusta mirar a otros seres humanos en ese objeto!

Por fin, todos se acuestan. Y yo, pues, me doy un buen baño con mi **lengüita** y me duermo también en el sofá. Y aquí estoy ahora. ¡Miau! ¡Cuánto detesto estas pulgas!

Comprensión

¿A quién se refiere cada oración? Diga si se refiere (**a**) al amo, (**b**) a la ama, (**c**) a Amanda, (**d**) a Ernestito, (**e**) a Guillermo, (**f**) a Berta, (**g**) a Manchitas o (**h**) a toda la familia. **¡OJO!** A veces hay más de una respuesta.

1. _____ Es muy observadora.

2. _____ Le gusta el perro del vecino.

3. _____ Se levanta temprano.

4. _____ Detesta las pulgas.

5. _____ Pasa la aspiradora.

6. _____ Juega con Manchitas.

7. _____ Le es fácil despertarse.

8. _____ Toma la bebida negra.

9. _____ Mira la televisión.

10. _____ Saluda a su mamá todos los días.

11. _____ Visita a los vecinos.

12. _____ Siempre quiere dormir un poco más.

Un paso más... ¡a escribir!

Imagínese que su animal doméstico puede hablar. (Si no tiene mascota, invente una.) ¿Cuál es la opinión del animal sobre su condición doméstica? Hágale las siguientes preguntas y luego escriba un párrafo de 12 a 15 oraciones con sus respuestas.

1. ¿Estás contento/a en tu casa? ¿Por qué?
2. ¿Te gusta la comida? ¿Qué comes con frecuencia? ¿Y qué prefieres comer?
3. ¿Te molestan las pulgas? ¿Qué otras cosas te molestan?
4. ¿Cómo son tus amos?
5. ¿Qué haces para divertirte?

LECTURA Los amigos hispanos: ¡Nadie es perfecto!

PISTAS PARA LEER

Armando González Yamasaki is a thirteen-year-old Peruvian Japanese boy who lives in Cuzco, Peru, with his mother, brother, and grandparents. In this school composition, he describes his home life. As you read, focus on his opinion about household chores.

VOCABULARIO ÚTIL

no se encarga	*is not in charge*
el huerto	*vegetable garden*
siembra legumbres	*he plants vegetables*
cultivaban	*used to grow*
rastrillar	*to rake*
se enoja	*(she) gets angry*
el hogar	*home*
nos recuerda	*(she) reminds us*
compartimos	*we share*
ensuciamos	*we mess up*

El trabajo de la casa no me gusta mucho, ¡pero tengo que hacerlo! Todos en mi familia debemos ayudar con los quehaceres, como dice mi madre. En mi casa somos cinco: mis abuelos, mi mamá, mi hermano Andrés que tiene nueve años, y yo, que tengo trece. (Mi papá no vive con nosotros porque él y mi mamá están divorciados.) Y cada persona tiene un trabajo asignado.

Mi abuela cocina casi todos los días porque le gusta cocinar, y también lava los platos. Ella es japonesa y prepara cosas ricas del Japón, como arroz y sopas, aunque prepara comida peruana también. Mi mamá no es muy buena cocinera y lo admite. Ella prefiere hacer la limpieza. Mamá limpia la sala, el comedor, la cocina y su cuarto. Pero **no se encarga** del cuarto mío y de mi hermano, porque nuestro dormitorio es nuestra responsabilidad. Esa palabra, *responsabilidad*, es tan larga, ¿no? Pero a mamá le gusta usarla.

Tenemos un **huerto** y un patio grande donde mi hermano y yo jugamos con nuestros amigos. Mi abuelo trabaja en el patio y el huerto; riega las plantas, corta el césped y **siembra legumbres.** Abuelo tiene muchos tipos de papa, porque los peruanos comemos muchas papas. Él dice que los incas, los indígenas peruanos, ¡**cultivaban** 1.000 tipos de papa diferentes! Pero ahora en Perú sólo hay 200 variedades, que también es mucho. Y mi abuelo cultiva sólo cinco variedades de papa, ¡que es muy poco!

Bueno, mi hermano y yo a veces ayudamos a abuelo a regar las plantas y a **rastrillar** el patio. Pero nunca queremos barrer el piso de la cocina ni lavar los platos, porque esos son trabajos de mujer. ¡Cuánto **se enoja** mamá cuando le decimos eso! Siempre responde que en nuestro **hogar** no hay trabajos «de mujer» ni «de hombre», y **nos recuerda** que es ella quien repara los aparatos y los muebles que se rompen. Yo pienso que abuelo debe hacer esas reparaciones, porque él es el hombre de la casa. ¡El problema es que abuelo no sabe reparar nada! A mi madre le molestan las cosas «tradicionales», como dice ella. Pero, bueno, eso es tema para otra composición, creo yo.

Pues… siempre hay mucho que hacer en casa y todos en la familia **compartimos** los quehaceres. No tenemos empleada doméstica porque Mamá quiere enseñarnos a mi hermano y a mí a limpiar lo que **ensuciamos.** Yo trato de mantener mi cuarto en orden. Guardo mis libros después de leerlos, tiendo la cama, limpio mi escritorio y hago varias cosas más. Pero a veces dejo mi ropa por todas partes, los pantalones en la silla, las camisas en el piso, los zapatos en mi escritorio… ¿Qué puedo decir? ¡Nadie es perfecto!

Comprensión

La siguiente información es falsa. Sustituya las palabras incorrectas (que aparecen en letra *cursiva*) por las correctas para así decir la verdad.

MODELO: En la casa de Armando viven *cuatro* personas. →
En la casa de Armando viven *cinco* personas.

1. En la familia de Armando, *nadie ayuda* con los quehaceres domésticos.

   _____

2. A la mamá de Armando *le gustan* las ideas tradicionales.

   _____

3. La abuela de Armando sólo prepara *comida japonesa.*

   _____

4. La madre de Armando se encarga de *limpiar el patio y sembrar legumbres.*

   _____

5. El abuelo de Armando *sabe hacer todo tipo de reparaciones* en la casa.

   _____

6. Armando y su hermano ayudan a *su abuela a cocinar.*

   _____

7. A veces, Armando deja *sus juguetes* en el piso.

   _____

Un paso más… ¡a escribir!

A. Responda a una de las siguientes preguntas en un párrafo de 12 a 15 oraciones.

1. En su opinión, ¿es típica la casa de los Yamasaki? ¿Hay aspectos de ese hogar que son similares a los de la familia de usted? ¿Comparten todos en su casa los quehaceres?

2. Imagínese que usted tiene trece años. ¿Cuáles son sus obligaciones domésticas?

3. ¿Piensa usted que hay trabajos «de mujer» y trabajos «de hombre»? Explique.

B. Imagínese que usted es la madre o el abuelo de Armando. Ahora está conversando con un amigo o una amiga de la familia sobre la conducta del niño. Mencione dos aspectos positivos y dos negativos sobre la actitud de Armando respecto al trabajo doméstico.

(Continúa.)

1. Armando siempre guarda sus libros después de leerlos.

2. _____

3. _____

MALA CONDUCTA

1. A veces Armando deja su ropa en el piso.

2. _____

3. _____

Hablando del pasado

Capítulo 7

ctividades escritas

❋ Mis experiencias

Lea Gramática 7.1–7.2.

A. Imagínese que un compañero / una compañera de su clase de español le pregunta si usted va a hacer las siguientes cosas. Dígale que usted ya las hizo **ayer** (**anteayer, anoche, la semana pasada,** etcétera).

> MODELO: ¿Vas a hacer tu tarea de español esta noche? → *No, ya hice mi tarea ayer.*

1. ¿Vas a estudiar esta noche?

   _____

2. ¿Vas a ver una película mañana en la noche?

   _____

3. ¿Vas a visitar a tus padres este fin de semana?

   _____

4. ¿Vas a hacer ejercicio conmigo ahora? (conmigo → contigo)

   _____

5. ¿Vas a ir de compras el sábado?

   _____

B. Complete el párrafo usando el pretérito de los verbos que aparecen entre paréntesis.

Ayer _____¹ (ser) un día difícil. ____ _____² (Levantarse: Yo) muy tarde porque no _____³ (oír) el despertador. No ____ _____ ⁴ (ducharse); ____ _____⁵ (vestirse) rápido y _____⁶ (salir) para el trabajo… Pero primero _____⁷ (ir) a la gasolinera y _____ ⁸ (poner) gasolina. Luego _____⁹ (manejar) muy rápido y casi _____¹⁰ (llegar) a tiempo a mi trabajo… Bueno, _____¹¹ (llegar) un poco tarde, pero solamente cinco minutos. El jefe ____ _____¹² (ponerse) furioso y me _____¹³ (dar) más trabajo que nunca. _____¹⁴ (Trabajar: Yo) todo el día; no _____¹⁵ (almorzar) ni _____¹⁶ (descansar) en todo el día. _____¹⁷ (Salir) del trabajo a las 6:00 de la tarde… _____ _____¹⁸ (Tener que) correr para llegar a la universidad, a la clase de las 7:00 de la noche. Pues… _____¹⁹ (asistir) a clase, pero no _____²⁰ (oír) nada de lo que _____²¹ (decir) el profesor. ¡_____²² (Dormir) durante las tres horas de la clase! Y ahora el problema es que el miércoles tengo un examen… ¡Ay! ¿Qué voy a hacer?

C. Escriba una composición de 12 a 15 oraciones sobre el fin de semana pasado. ¿Adónde fue? ¿Con quién(es)? ¿Fue al cine? ¿Visitó a algún amigo? ¿Se divirtió? ¿Tuvo que trabajar? ¿Qué hizo el viernes por la noche? ¿y el sábado por la mañana/tarde/noche? ¿y el domingo por la mañana/tarde/noche?

> MODELO: El viernes por la tarde salí del trabajo a las 6:00 y regresé a casa. A las 8:00 mi novia y yo cenamos en…

✻ Las experiencias con los demás

Lea Gramática 7.3–7.4 y repase 7.1–7.2.

D. Complete el primer párrafo con lo que usted hizo ayer y el segundo con lo que hizo su amigo/a.

Ayer

Yo

_____¹ al tenis.
(jugar)

Después ____ _____².
(ducharse)

Más tarde, ____ _____ ³
(ponerse)

ropa limpia para ir al cine y _____⁴
(ir)

al cine con mi novio/a. ____

_____⁵ mucho y
(divertirse)

____ _____⁶ muy tarde.
(acostarse)

Mi amigo/a

Él/Ella _____⁷ al básquetbol.
(jugar)

No ____ _____⁸, pero sí.
(ducharse)

____ _____⁹ ropa limpia.
(ponerse)

Por la tarde _____¹⁰ a cenar
(salir)

con su novio/a. Él/Ella también ____

_____¹¹ mucho, pero ____
(divertirse)

_____¹² temprano.
(acostarse)

E. Diga qué actividades hicieron las siguientes personas el fin de semana pasado; incluya por lo menos dos actividades para cada persona o grupo: mi hermano/a, mi mejor amigo/a, mis padres/hijos, mis amigos y yo, mi padre y yo, mi esposo/a (novio/a) y yo.

MODELOS: Mi hijo y yo → *Trabajamos en el jardín y después exploramos el Internet.*

Mi papá → *Mi papá jugó al golf con un amigo y por la noche fue al cine con mi mamá.*

1. _____

2. _____

3. _____

4. _____

5. _____

6. _____

F. Supongamos que usted y su esposo/a tuvieron que viajar fuera de la ciudad. Su hijo/a de dieciséis años se quedó solo/a en casa. Son las diez de la noche y usted está preocupado/a. Lo/La llama por teléfono y le hace muchas preguntas. Escriba un diálogo de 12 a 15 oraciones entre usted y su hijo/a sobre lo que él/ella hizo durante el día. Usted debe hacerle preguntas como: **¿Hiciste la tarea para la clase de biología?** Su hijo/a debe contestarlas y hacer otros comentarios: **Sí, mamá. Hice toda la tarea para la clase de biología y también terminé el proyecto para la clase de historia.** Use actividades como **almorzar, asistir a clases, desayunar, hacer la tarea, ir a trabajar, lavar los platos, levantarse, pasar la aspiradora, sacar al perro a pasear, practicar, recoger el periódico, sacar la basura, tender la cama.**

G. Mire los dibujos y escriba una narración de 12 a 15 oraciones sobre lo que hicieron Esteban y Raúl durante las últimas vacaciones, las vacaciones de Semana Santa. No escriba simplemente una lista de actividades; haga una narración con detalles interesantes. (Es posible escribir más de una oración por dibujo.) ¡Sea creativo!

✳ Hablando del pasado

Lea Gramática 7.5.

H. ¿Cuánto tiempo hace que usted…

   1. se graduó en la escuela secundaria?

   _____

   2. conoció a su profesor(a) de español?

   _____

   3. limpió su casa/cuarto?

   _____

4. fue al cine con su novio/a?

_____

5. se divirtió mucho con sus amigos?

_____

I. Piense en sus compañeros de clase. ¿Qué actividades hicieron ellos?

MODELO: hace diez días (que) → *Elena fue a visitar a sus padres hace diez días.* o
Hace diez días que Elena fue a visitar a sus padres.

1. hace dos días (que)/

_____

2. hace tres años (que)/

_____

3. hace diez años (que)/

_____

4. hace treinta segundos (que)/

_____

5. hace una semana (que)/

_____

J. Complete los párrafos con la forma correcta de los verbos entre paréntesis.

1. Colón _____ (llegar) a América en 1492, hace más de 500 años. El primer

lugar que _____ (ver) _____ (ser) Guanahaní, una hermosa isla. Allí él y sus

compañeros _____ (encontrar) a muchos indígenas pacíficos y amables pero

muy tímidos.

2. Hace más o menos doscientos treinta años que los Estados Unidos _____

(declarar) su independencia de Inglaterra. El primer presidente de este país _____

(ser) George Washington. El país _____ (empezar) con trece colonias y ahora

tiene cincuenta estados. En 1861, hace aproximadamente ciento cuarenta y cinco años,

_____ (empezar) la Guerra Civil entre el Norte y el Sur. Esta guerra

destructiva _____ (terminar) en 1865.

3. México _____ (declarar) su independencia de España hace más o menos

ciento noventa y cinco años, en 1810. En 1822, cuando _____ (terminar) la

guerra de independencia, Agustín de Iturbide se proclamó emperador, con el nombre de

Agustín I. _____ (Ser) emperador solamente de 1822 a 1823. Durante los años de la

(Continúa.)

Guerra Civil de los Estados Unidos, México _____ (tener) otro emperador, el

emperador Maximiliano de Austria. Maximiliano _____ (ser) emperador de México de

1864 a 1867. En 1867 _____ (regresar) el presidente Benito Juárez del exilio.

Resumen cultural

Complete con la información cultural del **Capítulo 7.**

1. El 5 de mayo de _____ los mexicanos ganaron la _____ contra las

   tropas francesas de Napoleón III.

2. Nombre tres libertadores de Sudamérica: _____, _____ y

   _____.

3. _____ fue emperador de México entre 1864 y 1867.

4. ¿Qué es el Camino Inca?

   _____

5. ¿Cómo se llama el español que en 1521 conquistó a los aztecas? _____

6. Los indígenas del imperio incaico son los _____.

7. ¿Qué expresión se usa para decir que es mejor viajar solo/a que con un compañero / una
   compañera desagradable?

   _____

8. ¿Cuál es otra palabra que se usa para nombrar el idioma español? _____

9. Nombre los seis países sudamericanos por los cuales pasa la cordillera (las montañas) de los Andes.

   _____

   _____

10. ¿Qué países formaban el Virreinato del Río de la Plata? _____,

    _____, _____, _____ y

    _____

11. ¿Cómo se llama la primera mujer elegida presidente de un país latinoamericano?

    _____ ¿De qué nacionalidad es? _____

12. ¿Cómo se llama el librero mexicoamericano que en 2004 recibió el premio de la Fundación MacArthur por sus contribuciones a la comunidad hispana? _____

13. ¿Cómo se llama el poeta salvadoreño que recibió el premio Américas de 2002 para literatura latinoamericana? _____

 ctividades auditivas

Listening Comprehension Strategies

In **Paso A** and in **Capítulo 2** you found guides to help you get the most out of listening comprehension activities. Now that you may be starting your second semester with *Dos mundos,* remember that listening strategies can improve your comprehension without frustration or stress. At this point in your study, you have probably developed many useful strategies for working through the assignments in the **Actividades auditivas.** Those included here are intended to enhance your listening experience.

Some of you may be working with *Dos mundos* for the first time. If so, this section will be especially helpful. You may also want to review the listening guidelines found in the **Actividades auditivas** of **Paso A** and **Capítulo 2.**

Before starting, remember these basic steps.

- First, find a well-lit place in which to work—one where you can listen and write comfortably, without interruptions. Make sure you have the audio controls of the CD/audio player as well as the *Cuaderno* within easy reach. Do not begin listening until you are thoroughly familiar with the mechanism of your CD/audio player and feel comfortable using it.
- Please note that this guide begins with **C. ¡Otra fiesta!,** since segments **A** and **B** are for review purposes.

❋ Los amigos animados

A. **La Compañía Reparatodo**

(Continúa.)

Y ahora un anuncio comercial en KSUN, Radio Sol.

¿Sí o no? La Compañía Reparatodo...

1. _____ repara los aparatos eléctricos.

2. _____ hace las reparaciones en su casa.

3. _____ trae comida a su casa.

4. _____ saca la basura después de hacer las reparaciones.

5. _____ limpia el baño de su casa.

6. _____ barre el piso y pasa la aspiradora.

7. _____ repara estufas y hornos de microondas.

B. El vecindario de Guillermo

Ahora Guillermo Saucedo, el hijo de
Ernesto y Estela, lee una composición
en su clase de lenguaje y escritura.

¿Qué cosas de su vecindario le gustan a Guillermo (**G**) y cuáles no le gustan (**NG**)?

1. _____ el cine

2. _____ el mercado

3. _____ jugar al fútbol

4. _____ ver películas cómicas con la familia

5. _____ ir de compras con su mamá

6. _____ el centro de videojuegos

7. _____ jugar «El mundo atómico»

✳ Mis experiencias

C. ¡Otra fiesta!

- The first step is to look at the accompanying drawing—a young man talking to an older lady. Both seem happy, and the older lady seems to be telling the young man that she went dancing. Make a mental note of this, and then read everything that is printed for the segment. Now you know that the young man is Raúl and that the lady is his grandmother. With this context in mind, listen to the segment to find out about the grandmother's dancing experience.
- Let your mind create scenes that correspond to what you're hearing. Enjoy your exposure to the spoken language. This additional exposure will help you feel confident in real-life situations, especially now that you are beginning to use the past tense.
- Notice that the preterite verb forms are included on top, after the directions. Now listen again to the segment. A good strategy is to number the verbs as you listen, then copy the verbs in the correct blank once you stop the CD/audio player. For instance, in the dialogue, the grandmother says **Anoche fui a una fiesta y bailé mucho.** The answers to question 1 are **fue** and **bailó,** so you should put the number 1 by those two words. The grandmother says **fui, bailé,** but **fue** and **bailó** are the correct answers because we are talking *about* her.
- If the speakers are speaking too quickly for you, try this strategy: While listening a second time, listen only for the answers to questions 2, 4, and 6. Then, listen a third time for the answers to questions 1, 3, and 5. Now, stop the CD/audio player and write the answers in the correct blanks. You may want to listen a fourth time to verify that all your answers are correct.

VOCABULARIO ÚTIL

la libertad	*freedom*
extraño	*I miss*
los chistes	*jokes*
abrazos	*hugs*

Raúl Saucedo está en la Ciudad de México para pasar las vacaciones de Semana Santa con su familia. En este momento llama por teléfono a su abuela para saludarla.

❖ ❖ ❖

Complete correctamente las oraciones según el diálogo. Éstos son los verbos que necesita: **bailó, dijo** (use dos veces), **fue, llamó, pasó, salió** y **volvió.**

1. La abuela _____ a una fiesta anoche y _____ mucho.

2. Raúl _____ varias veces a su abuela ayer.

3. La abuela _____ de su casa a las 7:00 de la noche y

   _____ a las 5:00 de la mañana.

4. Después de la fiesta, la abuela _____ media hora charlando con don Enrique.

5. Raúl _____: —Abuela, ¡cuánto extraño sus chistes!

6. La abuela _____: —Entonces, tienes que venir a verme.

D. ¡Qué fin de semana!

- You know the initial steps: Look at the title and at the drawing, read everything written about the segment, and listen a first time to get the gist of the dialogue. What are these two girls talking about? From the drawing you can already guess that one of them had a terrible day (**¡Tuve muchos problemas!**)
- Now look at the activity: There are five multiple choice questions and for some questions there is more than one answer. A useful strategy here is the most common one: Decide which two questions to answer and listen only for those answers, for example, questions 1 and 3. Since you have already listened once, look at the answers and cross out any that seem completely illogical. Listen again for answers to questions 2 and 4. Listen a third time for the rest of the answers (in this case, question 5). You may even want to listen a fourth time to check your work.

VOCABULARIO ÚTIL

¡Qué fin de semana!	*What a weekend!*
arruinó	*she ruined*
¡Pobre de ti!	*You poor thing!*
tal vez esté celoso	*maybe he's jealous*

Es un domingo en la noche. Amanda está hablando por teléfono con su amiga Graciela.

Escoja la(s) mejor(es) respuesta(s). **¡OJO!** A veces hay más de una respuesta correcta.

1. Amanda está enojada con Guillermo porque…

   a. usó su bicicleta.

   b. gastó su dinero.

   c. usó todo su champú.

   d. llegó tarde de la escuela.

2. Otros problemas de Amanda son que…

   a. no pudo lavarse el pelo.

   b. el gato le arruinó el vestido.

   c. su novio no llegó.

   d. no recibió flores de su novio.

3. Diego…

   a. le escribió una carta a Amanda.

   b. a veces llama a Amanda.

   c. lavó el coche de Amanda.

   d. invitó a Amanda a comer en un restaurante.

4. Amanda cree que tal vez Ramón…

   a. es gordo.

   b. está celoso.

   c. es tímido.

   d. no tiene ganas de ir al cine.

5. Ramón sabe que Diego le escribió a Amanda porque…

   a. habló con él en la escuela.

   b. él encontró la carta.

   c. él leyó la carta.

   d. Diego es hermano de Graciela.

✳ Las experiencias con los demás

E. Estela necesita un médico.

- Follow the same initial steps. Because the answers here are visual, you may have to rely much more on the mental image you create of the dialogue.
- Before listening a second time, select which questions you will focus on and think about what is shown in each of the drawings. For example: Number 1: there are three alternatives for Thursday night's dinner: a. Ernesto cooking and the children happy (**Ernesto cocinó.**); b. Ernesto and the children at a restaurant (**Fueron a un restaurante. / Cenaron en…**); c. Ernesto cooking and the children unhappy (**Ernesto cocinó; a los niños no les gustó.**). As you listen, you will hear several key phrases: ERNESTO: **Preparé yo la cena…** ; ESTELA: **¿ …los niños pudieron comer lo que cocinaste?…** ; ERNESTITO: **¡No! ¡Ni el perro quiso comer lo que papá cocinó!** From this, you know that drawing **c** is the correct answer.
- Use the same procedure to answer the other questions.

VOCABULARIO ÚTIL

el desastre	*disaster*
el día libre	*day off*
tampoco	*neither*
pelear	*to fight*
tumbaron	*they knocked down*

Estela Saucedo fue a Oaxaca para visitar a una amiga enferma. Pasó tres días con su amiga y regresó a su casa hoy, domingo, por la mañana. Poco después de llegar, Estela entró en la cocina con su esposo y sus dos niños…

❖ ❖ ❖

¿Cuál es la escena verdadera?

1. _____ El jueves en la noche.

2. _____ El viernes por la mañana.

(*Continúa.*)

3. _____ El viernes en la tarde.

4. _____ También el viernes en la tarde.

5. _____ El domingo en la mañana.

F.   ¡Una mujer valiente!

- After listening the first time you have made a mental picture: Essentially, two young ladies are talking. One tells the other, who was absent from class, an anecdote told by their teacher.
- The anecdote: On her wedding day, a girl seems to have been stood up. But, she is a brave girl who takes steps to remedy the situation.
- Your task is to order several statements to summarize the anecdote. Read all the statements, and then listen again to firm up your mental image. Listen once or twice more as necessary to verify that you have the correct order.

There are no suggestions for the rest of the segments in this chapter. We feel confident that you will be able to do each one of them successfully by following the preliminary steps outlined here and then mapping out an appropriate strategy. Listen to each segment as many times as you consider necessary. Remember, needing to listen several times to something new, and not in your native language, is quite normal.

VOCABULARIO ÚTIL

valiente	*brave*
Te perdiste	*You missed*
¿Qué pasó?	*What happened?*
Me muero de curiosidad	*I'm dying of curiosity*
tenía	*had*
casarse	*to get married*
el cura	*priest*
Se olvidó	*He forgot*
las piyamas	*la pijama (Mex.)*
los casó	*(he) married them*

Amanda no asistió a su clase de lengua hoy. Su amiga Graciela la llama y le cuenta una anécdota divertida que les contó el profesor.

Ponga en orden la anécdota del profesor.

_____ Él abrió la ventana del balcón sorprendido.

_____ El cura casó a los novios; él en pijama y ella de vestido blanco, largo.

_____ La novia esperó una hora en la iglesia, pero el novio no llegó.

_____ Ella tocó a la puerta de la casa del novio.

_____ Ella lo insultó y lo llamó irresponsable.

_____ La novia, sus padres, los invitados y el cura salieron de la iglesia y fueron a casa del novio.

_____ El novio dijo: —¡Olvidé la fecha!

❋ Hablando del pasado

G. Noticias del mundo hispano

VOCABULARIO ÚTIL

las noticias	*news*
la Feria Hispana del Libro	*Hispanic Book Fair*
el huracán	*hurricane*
los heridos	*wounded (people)*
los muertos	*casualties*
la campaña	*campaign*
el gobierno	*government*
el narcotráfico	*drug dealing*

(Continúa.)

Y ahora en KSUN, Radio Sol, un segmento especial de noticias del mundo.

❖ ❖ ❖

¿Dónde ocurrieron los siguientes eventos, en Miami (**M**), San Juan (**S**) o en Bogotá (**B**)?

1. _____ Hubo un huracán y hubo heridos.

2. _____ Varios escritores participaron en la Feria Hispana del Libro.

3. _____ Muchas casas y edificios fueron destruidos.

4. _____ Comenzó una campaña del gobierno para combatir el tráfico de drogas.

5. _____ Hubo muchos otros eventos culturales.

H. La familia de Armando

VOCABULARIO ÚTIL

eran   *they were*
allegada   *close, near*

Armando González es el hijo mayor de Susana Yamasaki; tiene trece años. Armando necesita escribir una composición sobre su familia, que es de origen japonés, y decide entrevistar a su mamá.

❖ ❖ ❖

Complete la información que falta en la composición de Armando.

Mi familia

Mi mamá nació el _____¹. Nació
hace _____² así que tiene _____³ años. Mis
abuelos llegaron de Japón hace más o menos _____⁴.
Regresaron a Japón una vez a _____⁵, hace nueve años.
Les gusta mucho Japón, pero aquí _____⁶ más
allegada. Mi mamá nunca ha visitado Japón, pero algún día
_____⁷ y yo quiero ir con ella.

✳ ¡A repasar!

I. El toque perfecto

VOCABULARIO ÚTIL

el toque	*touch*
¡No me cuentes!	*Don't tell me about it!*
Lo pasamos muy bien	*We had a very good time*
el arroz con pollo	*chicken and rice (typical Caribbean dish)*
la arena	*sand*

Hoy, lunes, Carla Espinosa y Rogelio Varela conversan en la universidad después de una clase.

❖   ❖   ❖

¿Cierto (**C**) o falso (**F**)? Si la oración es falsa, haga la corrección necesaria.

1. _____ Rogelio se divirtió el sábado en la playa.

2. _____ Carla llamó a Rogelio, pero nadie contestó el teléfono.

3. _____ En la playa Carla y sus amigos tomaron el sol, cantaron, nadaron mucho y jugaron al fútbol.

4. _____ Arturo sabe cocinar porque aprendió de su madre.

5. _____ Rogelio durmió una larga siesta en la biblioteca.

Ⓟronunciación y ortografía

✳ Ejercicios de pronunciación

I. PRONUNCIACIÓN: z, ce, ci

Most Spanish speakers pronounce the letter **z** and the letter **c** before **e** and **i** exactly as they pronounce the letter **s.**

A. Listen and pronounce the following words. Avoid any use of the sound of the English *z.*

   cabe<u>z</u>a, bra<u>z</u>os, lu<u>z</u>, a<u>z</u>ul, <u>z</u>apatos, ti<u>z</u>a, die<u>z</u>, tre<u>c</u>e, edifi<u>c</u>io, independen<u>c</u>ia, re<u>c</u>ep<u>c</u>ionista

In some areas of Spain, the letter **z** and the letter **c** before **e** and **i** are distinguished from the letter **s** by pronouncing **z** and **c** with a sound similar to the English sound for the letters *th* in *thin* and *thick.*

B. Listen to a speaker from Spain pronounce these words.

   cabe<u>z</u>a, bra<u>z</u>os, lu<u>z</u>, a<u>z</u>ul, <u>z</u>apatos, ti<u>z</u>a, die<u>z</u>, tre<u>c</u>e, edifi<u>c</u>io, independen<u>c</u>ia, re<u>c</u>ep<u>c</u>ionista

II. PRONUNCIACIÓN: l

In Spanish the letter l is pronounced almost the same as the English *l* in *leaf*, but it is not at all similar to the American English *l* at the end of *call*.

A. Listen and pronounce the following words. Concentrate on the correct pronunciation of the letter **l**.

> color, fútbol, tradicional, español, lentes, abril, hospital, fácil, aquel, papeles

B. Listen and pronounce the following sentences. Pay special attention to the correct pronunciation of the letter **l**.

1. ¿Vas a ir al hospital a ver a Miguel?
2. Mi automóvil está al lado de aquel edificio.
3. En abril no hace mal tiempo aquí.
4. ¿Cuál es tu clase favorita, la de español?
5. ¿Quieres comprar papel azul o blanco?
6. Este edificio es muy moderno; aquél es más tradicional.

✳ Ejercicios de ortografía

I. THE LETTERS s AND z; THE COMBINATIONS ce AND ci

The letters **s, z,** and the letter **c** before the letters **e** and **i** are pronounced identically by most speakers of Spanish. When writing, it is necessary to know which of these letters to use.

A. Practice writing the words you hear with the letter **s.**

1. _____
2. _____
3. _____
4. _____
5. _____

B. Practice writing the words you hear with the letter **z.**

1. _____
2. _____
3. _____
4. _____
5. _____

C. Practice writing the words you hear with the letter **c.**

1. _____
2. _____
3. _____
4. _____
5. _____

II. STRESS ON PRETERITE VERB FORMS

Two of the regular preterite verb forms (the **yo** form and the **usted, él/ella** form) carry a written accent mark on the last letter. The accent mark is needed because these forms end in a stressed vowel.

A. Listen to the following preterite verbs and write each correctly with an accent mark.

1. _____   6. _____

2. _____   7. _____

3. _____   8. _____

4. _____   9. _____

5. _____   10. _____

None of the forms of preterite verbs with irregular stems are stressed on the last syllable and consequently they are not written with an accent mark.

B. Listen and write the following preterite verbs.

1. _____   5. _____

2. _____   6. _____

3. _____   7. _____

4. _____

III. ORTHOGRAPHIC CHANGES IN THE PRETERITE

Some verbs have a spelling change in certain preterite forms.

In verbs that end in **-car, c** changes to **qu** in the preterite forms that end in **-e** in order to maintain the **k** sound of the infinitive. Common verbs in which this change occurs are **sacar** (*to take out*), **buscar** (*to look for*), **tocar** (*to touch; to play an instrument*), **comunicar** (*to communicate*), **explicar** (*to explain*), and **secar** (*to dry*). Compare these verb forms.

> yo saqué   yo busqué   yo toqué   yo sequé
> él sacó   él buscó   él tocó   él secó

In verbs that end in **-gar, g** changes to **gu** in the preterite forms that end in **-e** in order to maintain the **g** sound of the infinitive. Common verbs in which this change occurs are **entregar** (*to hand in*), **jugar** (*to play*), **llegar** (*to arrive*), **navegar** (*to sail*), **obligar** (*to oblige*), **pagar** (*to pay*), **apagar** (*to turn off*), and **regar** (*to water [plants]*). Compare these verb forms.

> yo pagué   yo jugué   yo llegué   yo obligué
> él pagó   él jugó   él llegó   él obligó

In verbs that end in **-zar, z** changes to **c** before **e**. Common verbs in which this change occurs are **abrazar** (*to embrace*), **almorzar** (*to have lunch*), **comenzar** (*to begin*), **cruzar** (*to cross*), **empezar** (*to begin*), **rechazar** (*to reject*), and **rezar** (*to pray*). Compare these forms.

> yo crucé   yo almorcé   yo empecé   yo comencé
> él cruzó   él almorzó   él empezó   él comenzó

(Continúa.)

Note that in the verb **hacer,** the **c** changes to **z** before **o** in order to maintain the same sound as in the infinitive.

yo hi<u>ce</u>   él hi<u>zo</u>

In verbs that end in **-uir** (but not **-guir**), **i** changes to **y** whenever it is unstressed and between vowels. Common verbs in which this change occurs are **concluir** (*to conclude*), **construir** (*to construct*), **destruir** (*to destroy*), **distribuir** (*to distribute*), **huir** (*to flee*), and **incluir** (*to include*). Compare these verb forms.

yo	construí	concluí	distribuí
él	constru<u>y</u>ó	conclu<u>y</u>ó	distribu<u>y</u>ó
ellos	constru<u>y</u>eron	conclu<u>y</u>eron	distribu<u>y</u>eron

Note the same change in the verbs **caer, creer,** and **leer.**

yo	caí	creí	leí
él	ca<u>y</u>ó	cre<u>y</u>ó	le<u>y</u>ó
ellos	ca<u>y</u>eron	cre<u>y</u>eron	le<u>y</u>eron

A. Listen to the sentences and write them correctly. Pay close attention to the spelling of preterite verbs and to the correct use of accent marks.

1. _____
2. _____
3. _____
4. _____
5. _____
6. _____
7. _____
8. _____
9. _____
10. _____

B. Now listen to a mixture of preterite verbs and write them correctly using a written accent when needed.

1. _____   9. _____
2. _____   10. _____
3. _____   11. _____
4. _____   12. _____
5. _____   13. _____
6. _____   14. _____
7. _____   15. _____
8. _____

 ideoteca

✳ Los amigos animados

Vea la sección **Los amigos animados** de las **Actividades auditivas** para hacer la actividad correspondiente.

✳ Escenas culturales

Argentina

VOCABULARIO ÚTIL

los porteños	personas de Buenos Aires
los bonaerenses	personas de Buenos Aires
ancho/a	*wide*
el bandoneón	*small accordion*
la belleza natural	*natural beauty*
el paraíso	*paradise*
el amante de la naturaleza	*nature lover*

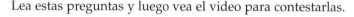

Lea estas preguntas y luego vea el video para contestarlas.

1. Los porteños son descendientes de inmigrantes _____.

2. La influencia de Europa se nota en el _____ y la _____.

3. El baile típico de Argentina es _____.

✳ Escenas en contexto

Sinopsis
Roberto y Martín conversan sobre sus
actividades de ayer.

VOCABULARIO ÚTIL

callado/a	*quiet*
¿Saliste bien?	*Did you do well?*
Y a que no sabes…	*I bet you can't guess . . .*
me detuvo	*stopped me*
el exceso de velocidad	*speeding*
fue sin querer	*it wasn't on purpose*
la multa	*fine; ticket*
¡Qué pena!	*That's too bad!*
Lo siento	*I'm sorry*
¡Qué mala onda!	*How awful!*

Lea estas preguntas y luego vea el video para contestarlas.

A. ¿Cierto (**C**) o falso (**F**)?

1. _____ Martín tuvo un examen ayer en su clase de economía.

2. _____ Después de su examen, Martín almorzó en un restaurante chino.

3. _____ La comida estuvo excelente.

4. _____ Martín nunca llegó al trabajo porque un policía le puso una multa.

5. _____ Roberto no trabajó ayer.

B. Complete con la información correcta.

1. Martín tuvo un examen en su clase de _____.

2. Martín salió a almorzar en un restaurante con _____.

3. El jefe de Martín se enojó porque _____.

4. Roberto se levantó tarde, _____, miró la televisión, fue al parque y

_____.

Lecturas

Novela: «Ana Luisa», por José Emilio Pacheco

Selección de su novela *El principio del placer* (1994)

PISTAS PARA LEER

José Emilio Pacheco (1939) es un famoso escritor mexicano. En esta novela de Pacheco, un joven rico llamado Jorge cuenta su historia en forma de diario. Al comenzar su historia, Jorge conoce a una muchacha pobre en Veracruz. La novela muestra así la primera experiencia romántica de Jorge. ¿Cómo es esa experiencia?

VOCABULARIO ÚTIL

desenvuelto	*confident*
cuando saliera	*when she left*
el tranvía / la parada del tranvía	*streetcar / streetcar stop*
pasará	*will happen*
Me volaron	*I failed*
la boleta	*report card*
Un mordelón nos detuvo	*We were stopped by a cop*
al volante	*behind the wheel*
pedía	*(he) asked for*
el permiso de aprendizaje	*learning permit*
Ni sombra de	*No sign of*
De vuelta	*After returning*
Me lo hubieras dicho	*You should've told me*
No he escrito	*I haven't written*
haberme enamorado	*having fallen in love*
me puse a dar vueltas	*I went for a stroll*
el helado	*ice cream*
Ni te hagas ilusiones	*Don't get your hopes up*
Después de mucho dudarlo	*After much doubt*
Estoy enamorado de ti	*I'm in love with you*
te saludaré	*I will greet you*
que ya no te moleste	*that I don't bother you anymore*
la metida de pata	*blunder*

Hoy conocí a Ana Luisa, una amiga de mis hermanas, hija de la señora que les cose la ropa. Vive más o menos cerca de nosotros, aunque en una zona más pobre, y trabaja en «El paraíso de las telas».[1] Estuve timidísimo. Luego traté de aparecer **desenvuelto** y dije no sé qué estupideces.

Al terminar las clases me quedé en el centro con la esperanza de ver a Ana Luisa **cuando saliera** de la tienda. Me subí al mismo **tranvía** *Villa del Mar por Bravo* que toma para regresar a su casa. Hice mal porque estaba con sus amigas. No me atreví a acercarme, pero la saludé y ella me contestó muy amable. ¿Qué **pasará**? Misterio.

Exámenes trimestrales. **Me volaron** en química y en trigonometría. Por suerte mi mamá aceptó firmar la **boleta** y no decirle nada a mi padre.

Manejé desde Villa del Mar hasta Mocambo. Durán dice que lo hago bastante bien. Me parece buena persona aunque ya tiene como veinticinco años.[2] **Un mordelón nos detuvo** porque me vio muy chico para andar **al volante.** Durán lo dejó hablar mientras el tipo me **pedía** la licencia o el **permiso de aprendizaje.** Luego Durán le dijo quién era mi papá[3] y todo se arregló sin necesidad de dinero.

Ni sombra de Ana Luisa en muchos días. Parece que se tuvo que ir a Jalapa[4] con su familia. Doy vueltas por su casa y siempre está cerrada y a oscuras.

Fui al cine con Durán. A la entrada nos esperaba su novia. Me cayó bien. Es simpática. Está bonita pero un poco gorda y tiene un diente de oro. Se llama Candelaria, trabaja en la farmacia de los portales.[5] La fuimos a dejar a su casa. **De vuelta** le confesé a Durán que estaba fascinado con Ana Luisa. Respondió:
—**Me lo hubieras dicho** antes. Te voy a ayudar. Podemos salir juntos los cuatro.

No he escrito porque no pasa nada importante. Ana Luisa no vuelve todavía. ¿Cómo puedo **haberme enamorado** de ella si no la conozco?

Volvió Ana Luisa. Vino a la casa. La saludé, pero no supe cómo ni de qué hablarle. Después salió con mis hermanas. ¿En qué forma podré acercarme a ella?

Llegué al zócalo a las seis y media. Me encontré a Pablo y a otros de la escuela y **me puse a dar vueltas** con ellos. Al rato apareció Ana Luisa con Maricarmen y la Nena.[6] Las invité a tomar **helados** en el «Yucatán». Hablamos de películas y de Veracruz. Ana Luisa quiere irse a México.[7] Durán vino a buscarnos en el coche grande y fuimos a dejar a Ana Luisa. En cuanto ella se bajó, mis hermanas empezaron a burlarse de mí. Hay veces en que las odio de verdad. Lo peor fue lo que dijo Maricarmen:
—**Ni te hagas ilusiones,** chiquito: Ana Luisa tiene novio, sólo que no está aquí.

Después de mucho dudarlo, por la tarde esperé a Ana Luisa en la **parada del tranvía.** Cuando se bajó con sus amigas la saludé y le dejé en la mano un papelito:
Ana Luisa: **Estoy enamorado de ti.** *Me urge hablar contigo a solas. Mañana* **te saludaré** *como ahora. Déjame tu respuesta en la misma forma. Dime cuándo y dónde podemos vernos, o si prefieres* **que ya no te moleste.**
Luego me pareció una **metida de pata** la última frase, pero ya ni remedio. No me imagino qué va a contestarme…

[1]Es una tienda de ropa. [2]Durán trabaja para el padre de Jorge; es su asistente. [3]Su papá es un militar rico y hombre de influencia. [4]Ciudad en las montañas, capital del estado de Veracruz, México. [5]Se refiere al centro de la ciudad. [6]Maricarmen y la Nena son las hermanas de Jorge. [7]Se refiere a la capital del país, Ciudad de México.

Comprensión

¿Qué hizo Jorge? Marque el orden correcto con números del 1 al 10.

_____ En la parada del tranvía, le dio una nota (un papelito) a Ana Luisa.

_____ Invitó a sus hermanas y a Ana Luisa a tomar helado.

(Continúa.)

_____ Conoció a Ana Luisa y se sintió tímido.

_____ Manejó el carro y lo paró un policía.

_____ Conoció a Candelaria, la novia de Durán, en el cine.

_____ Saludó a Ana Luisa en un tranvía.

_____ Dio vueltas por la casa de Ana Luisa y la encontró cerrada y oscura.

_____ Se encontró con varios amigos en el zócalo y dio vueltas con ellos.

_____ Habló de películas y Veracruz con sus hermanas y Ana Luisa.

_____ Tomó los exámenes de química y trigonometría.

Un paso más... ¡a escribir!

Imagínese que usted tiene un nuevo amigo o una nueva amiga. Describa en una página dónde y cómo conoció a esa persona, adónde fueron durante el primer mes de conocerse y qué hicieron. Puede usar la forma de un diario como lo hace José Emilio Pacheco en su novela.

Canción: «Castillos en el aire», por Alberto Cortez

Selección de su libro *Soy un ser humano* (1985)

PISTAS PARA LEER

Alberto Cortez (1940) es un famoso compositor y cantante argentino. Su canción «Castillos en el aire» cuenta la historia de un hombre que quiso volar. Primero, lea la canción en voz alta, notando la rima. Luego léala considerando estas preguntas: **¿Por qué quiso volar el hombre? ¿Cuál fue la reacción de la gente?**

VOCABULARIO ÚTIL

el castillo	*castle*
Quiso	*He tried to*
la gaviota	*seagull*
alzó	*(he) raised, lifted*
ganando altura	*gaining altitude*
guardando cordura	*keeping their sanity*
el algodón	*cotton*
la razón	*reason, logic*
convocó al duende	*he summoned the elf (spirit)*
tienen mucho que ver	*have much to do*
dichoso	*happy*
cundió la alarma	*panic struck*
No vaya a ser que fuera contagioso	*In case it could be contagious*
contundente	*overwhelming*
la chifladura	*craziness*

Castillos en el aire

Quiso volar, igual que las **gaviotas**
libre en el aire, por el aire libre
y los demás dijeron: «Pobre idiota…
no sabe que volar es imposible.»

Mas él **alzó** sus sueños hacia el cielo
y poco a poco, fue **ganando altura**
y los demás, quedaron en el suelo
guardando cordura.

Y construyó castillos en el aire,
a pleno sol, con nubes de **algodón,**
en un lugar, adonde nunca nadie
pudo llegar usando la **razón.**

Y construyó ventanas fabulosas,
llenas de luz, de magia y de color
y **convocó al duende** de las cosas
que **tienen mucho que ver** con el amor.

En los demás, al verlo tan **dichoso,**
cundió la alarma; se dictaron normas.
No vaya a ser que fuera contagioso
tratar de ser feliz de aquella forma…

La conclusión es clara y **contundente,**
lo condenaron, por su **chifladura**
a convivir de nuevo con la gente,
vestido de cordura.

Por construir castillos en el aire,
a pleno sol, con nubes de algodón
en un lugar adonde nunca nadie
pudo llegar usando la razón.

Y por abrir ventanas fabulosas…
llenas de luz, de magia y de color
y convocar al duende de las cosas
que tienen mucho que ver con el amor.

Acaba aquí, la historia del idiota
que por el aire, como el aire libre,
quiso volar igual que las gaviotas…
pero eso es imposible… ¿o no?

Comprensión

Cuente la historia que se narra en esta canción, basándose en los siguientes temas.

1. Lo que quiso y pudo hacer el hombre.
2. Las cosas que construyó.
3. La reacción que tuvieron las otras personas (los demás).
4. El resultado del acto del hombre.
5. La pregunta al final de la canción: «¿o no?»

Un paso más… ¡a escribir!

Imagínese que usted conoce a una persona muy interesante que quiso hacer algo «diferente». Escríbale una canción o un poema a esa persona. ¿Qué quiso hacer él o ella? ¿Pudo hacerlo? ¿Cómo reaccionó la gente? Use «Castillos en el aire» como modelo y, si quiere, invente una melodía para su canción.

MODELO:

Quiso _____, igual que _____

y los demás dijeron: _____

Mas él/ella alzó sus sueños hacia el cielo

y poco a poco _____…

Answer Key

▲ = *Answers may vary.*

PASO A

ACTIVIDADES ESCRITAS **A.** *Read the descriptions carefully and write the corresponding names of your own classmates.* **B.** 2. Son unos lentes. 3. Es un sombrero. 4. Son unas botas. 5. Es un abrigo. **C.** 1. negro 2. blanco 3. verdes 4. amarillo 5, 6. moradas, verdes; rojas 7, 8, 9. roja, blanca y azul **D.** *You should write about your own clothing:* Mi falda es negra y larga. Mis camisas son blancas y nuevas. **E.** 1. doce, 12 2. quince, 15 3. veinticuatro, 24 4. treinta y cinco, 35 5. ocho, 8. **F.** 1. Lean. 2. Bailen. 3. Escuchen. 4. Escriban. 5. Salten. 6. Canten. **G.** Cómo se llama 2. Me llamo 3. Mucho 4. Igualmente 5. usted 6. gracias 7. cansado **Repaso de palabras y frases útiles** 1. Cómo se llama 2. Muy; gracias; Y usted 3. Cómo; Me llamo; Mucho gusto 4. Hasta luego **ACTIVIDADES AUDITIVAS** **A.** 1. Esteban 2. Carmen 3. Mónica 4. Pablo **B.** 1. Mónica 2. Esteban 3. Nora 4. Luis **C.** 1. C 2. C 3. F 4. F **D.** 1. 4 2. 3 3. 26 4. 14 5. 1 **E.** 5, 9, 18, 39, 26, 4, 15, 34, 23, 20 **F.** 1. Pónganse de pie. 2. Caminen. 3. Salten. 4. Corran. 5. Bailen. 6. Canten «De colores». 7. Digan «Buenos días». 8. Siéntense. **G.** 1. C 2. F 3. C 4. F **H.** 1. ¡Hasta mañana! 2. Adiós. 3. Hasta luego. 4. Hasta pronto. 5. Nos vemos. 6. ¡Hasta la próxima!

PASO B

ACTIVIDADES ESCRITAS **A.** 1. estás, tú 2. está usted, usted 3. estás, usted **B.** *Your answers should be original, but they should look like the* **modelo.** *Remember to start with* **hay** *(there is / there are).* **C.** Carmen no tiene el pelo largo. 2. Mónica no es gorda. 3. Esteban no tiene bigote. 4. Nora no tiene barba. 5. Luis y Alberto no son feos. **D.** 1. cara, ojos, nariz, boca 2. cabeza, pelo, orejas 3. cuerpo, cabeza, cuello, brazos, manos, piernas, pies **E.** *The structure of your descriptions should be similar to that of the* **modelo,** *but the information provided should be original (about your family members or your classmates).* **Repaso de palabras y frases útiles** 1. gracias 2. Cuánto cuesta 3. tímido 4. divertida 5. perezoso 6. trabajador **ACTIVIDADES AUDITIVAS** **A.** 1. usted 2. tú *or* usted 3. tú 4. usted **B.** 1. R 2. E 3. LD 4. R **C.** 1. No 2. Sí 3. No 4. Sí 5. Sí 6. No 7. Sí 8. No 9. Sí 10. Sí 11. Sí 12. No **D.** 69, 63, 40, 55, 52, 48 **E.** 1. los hombros 2. la boca 3. las manos 4. las piernas 5. la cabeza 6. los pies 7. el brazo 8. el estómago 9. la nariz 10. el cuello **F.** 1. F 2. C 3. F 4. C **G.** 1. d, g 2. b, c, f 3. a, e **H.** 1. $59.00 2. pequeña 3. 69.50 4. largo 5. elegante **PRONUNCIACIÓN Y ORTOGRAFÍA** **Ejercicios de ortografía** 1. ¿Cómo? 2. ¿Qué? 3. ¿Quién? 4. ¿Cuántos? 5. ¿Cuál?

PASO C

ACTIVIDADES ESCRITAS **A.** *You should include the names of the members of your own family. Items 7 and 8 are about you.* **B.** *Answers should be original.* **C.** 1. es de la profesora. 2. es de Graciela. 3. son de Ernestito. 4. es de Carmen. 5. son de doña Lola. 6. son de Pablo. **D.** *Answers should be similar to* **modelo,** *but they should have original information.* **E.** ▲ 1. Tengo… años. 2.–5. Tiene… años. **F.** 1. setenta, 70 2. noventa, 90 3. ochenta, 80 4. cien, 100 **G.** 1. alemana, alemán; 2. egipcio, árabe 3. japonés, Japón 4. italiano, Italia 5. sudafricano, inglés y afrikaans; 6. española, España 7. inglés 8. inglés, francés **H.** 1. Falso: La mujer que tiene un Toyota habla tres idiomas, pero no es de Bogotá; es de Cuzco, Perú. 2. Cierto. 3. Falso: El hombre de México no habla inglés; habla español y francés. 4. Cierto. 5. Falso: Susana tiene un coche japonés y habla japonés también. **Repaso de palabras y frases útiles** 1. Cómo cambia el mundo 2. Perdón 3. apellido, apellido 4. De quién son… **Resumen cultural** 1. Los indígenas cuna 2. Sergio

Velázquez   3. Fernando Botero   4. el apellido del padre   5. el apellido de la madre   6. 2000
Actividades auditivas   **A.** Álvaro Ventura; Lisa Méndez de Ventura; Diana; Toni   **B.** Catalina: mamá; Marcos: sobrino; Francisco: hermano mayor; Mario: hermano   **C.** 1. chaqueta negra es 2. bolsa amarilla es   3. suéter morado es   4. lentes de sol son   **D.** 1. 89 2. 57 3. 19 4. 72 5. 15 6. 60 7. 92 8. 8   **E.** 1. Alberto: 31 2. Nora: 25 3. Esteban: 19 4. la profesora Martínez: 30 y muchos   **F.** 1. alemana 2. Hugo 3. delgada, pelo negro, agradable; china 4. Brigitte; pelo rojo 5. mexicoamericana 6. Esteban; cómico   **G.** 1. C 2. F 3. F 4. C 5. C **Pronunciación y ortografía**   **Ejercicios de ortografía**   **A.** 1. el niño 2. la niña 3. la señorita 4. el señor 5. la compañera de clase   **B.** 1. llama 2. amarillo 3. silla 4. ella 5. apellido **C.** 1. chico 2. muchacha 3. escuchen 4. chaqueta 5. coche   **Videoteca**   **Escenas culturales** 1. b 2. c 3. c 4. a 5. b 6. b 7. c   **Escenas en contexto**   **A.** 1. F 2. C 3. C 4. F **B.** 1. Ricardo Salazar 2. simpática, entusiasta 3. un poco reservada

CAPÍTULO 1

Actividades escritas   **A.** 1. Silvia nació el quince de abril de mil novecientos ochenta y cinco. 2. Alberto nació el veintidós de diciembre de mil novecientos setenta y cinco.   3. Pablo nació el once de diciembre de mil novecientos ochenta y cuatro.   4. Mónica nació el diecinueve de agosto de mil novecientos ochenta y ocho.   5. Esteban nació el cuatro de agosto de mil novecientos ochenta y siete. **B.** 1. 1521 2. 1821 3. 1776 4. 2004 5. *The year you were born.*   **C.** ▲ 1. ¿Estudias español, Esteban? 2. Nora y Luis, ¿leen ustedes novelas? 3. ¿Vive usted en una casa, profesora? 4. Pablo, ¿comes en la cafetería? 5. ¿Canta usted en español, profesora Martínez?   **D.** 1. ¿Cuántas faldas tiene Amanda? 2. ¿Dónde vive don Anselmo? 3. ¿Cómo se llama el novio de Amanda? 4. ¿Qué idiomas habla papá? 5. ¿Cuándo es el cumpleaños de Guillermo?   **E.** ▲ 1. El nombre de esta chica es Silvia Alicia Bustamante Morelos. Tiene 21 años. Es de México y vive en el Paseo de la Reforma número 5064, apartamento 12, en la capital, México, D. F. Su número de teléfono es el 5-62-03-18. Es soltera y no tiene hijos.   **F.** *Your description should look like the* **modelo,** *but should have original information.* **G.** 1. Son las nueve en punto. 2. Son las ocho y cuarto (quince). 3. Son las diez menos trece. 4. Son las tres y media (treinta). 5. Son las once y veinte. 6. Son las doce en punto. (Es medianoche. Es mediodía.) 7. Es la una y cinco. 8. Son las cinco menos cuarto (quince). 9. Son las nueve menos dos. 10. Son las siete menos cinco.   **H.** 1. Es a las 13:05 *or* a la una y cinco de la tarde. 2. Es a las diez y media de la mañana. 3. Es a las 19:10 *or* a las siete y diez de la tarde. 4. Es a las 16:00 *or* a las cuatro de la tarde. 5. Es a las nueve y media de la mañana.   **I.** 1. pasear con los perros. 2. jugar al basquetbol. 3. correr en la playa. 4. A Luis le gusta leer. 5. A Mónica le gusta ver partidos de béisbol en la televisión.   **J.** 1. te gusta, me gusta 2. les gusta, nos gusta 3. le gusta, me gusta   **K.** *Your description should look like the* **modelo,** *but it should have original information.* **Repaso de palabras y expresiones útiles**   1. Qué hora tiene 2. no comprendo 3. Cómo se escribe… 4. por favor 5. No lo creo 6. Ya es tarde   **Resumen cultural**   1. España 2. Guantánamo 3. El basquetbol 4. Rigoberta Menchú; el Premio Nobel de la Paz 5. el béisbol 6. Diego Rivera, David Alfaro Siqueiros, José Clemente Orozco 7. las costumbres mexicanas, el obrero, la Revolución Mexicana 8. Frida Kahlo 9. la Sierra Nevada 10. Son las ocho y media de la noche.   **Actividades auditivas** **A.** 1. Sí 2. Sí 3. No 4. No 5. No 6. Sí 7. Sí 8. Sí   **B.** 1. e 2. b, d 3. a, c   **C.** 1. el 23 de junio de 1987 2. el 22 de diciembre de 1975 3. el 4 de agosto de 1987 4. el 12 de junio **D.** 1. 2-55-50-25 2. 5-55-14-36 3. 3-45-59-58 4. calle, 535   **E.** 1. 5:00 2. 1:15 3. 8:30 4. 7:40 5. 11:55   **F.** 1. 6:50 2. 8:00 3. 9:30; 12:45 4. cada hora   **G.** 1. LA 2. LU 3. PM 4. LA 5. PM   **H.** 1. Amanda 2. (Ernestito) tiene ocho años. 3. (*any one of these*) jugar al tenis, llevar ropa extraña, hablar con su amiga 4. (*any one of these*) jugar con su perro, andar en bicicleta 5. (*any two of these*) jugar al fútbol, ir al cine, escuchar música, hablar con su amiga   **I.** Carlos Medrano: romántica; rojo, 122, apartamento B, grande; Leti Valdés: rock; negro; avenida Manchester, 408, apartamento 2; mediana   **Pronunciación y ortografía**   **Ejercicios de ortografía**   1. borrador 2. hora 3. doctor 4. correcto 5. rojo 6. bailar 7. pizarra 8. perro 9. pero 10. nariz   **Videoteca** **Escenas culturales** 1. b 2. a   **Escenas en contexto**   **A.** 1. F 2. F 3. C 4. F 5. C 6. F **B.** 1. 16 2. joven, morena; gorda   **Lecturas**   **Nota cultural: ¡Hola!… ¡Hasta mañana!** *Comprensión* 1. I 2. I 3. I 4. I 5. F 6. F 7. I 8. I 9. F 10. I   **Lectura: Raúl, el superactivo** *Comprensión* 1. F 2. F 3. F 4. F 5. C 6. F 7. C 8. C 9. C 10. C

CAPÍTULO 2

ACTIVIDADES ESCRITAS **A.** *Your answer should look like the* **modelo,** *but it should have original information.* **B.** *Your description should look like the* **modelo,** *but it should have original information.* **C.** *Include your class schedule, then read the prompt and include the corresponding classes. Information should be original.* **D.** *Your description should look like the* **modelo,** *but it should have original information.* **E.** *Use corresponding forms of* **querer** *plus an infinitive to express your wishes. Information should be original.* **F.** *Your answer should look like the* **modelo,** *but it should have original information.* **G.** 2. Es invierno. Quieren esquiar. 3. Hace buen tiempo. Quieren hacer un picnic (una merienda). 4. Hace sol. (Hace calor.) Quieren tomar el sol y nadar. 5. Hace frío y llueve. Quieren tomar un taxi. 6. Llueve y hace calor. Quieren jugar en el agua. **H.** *Complete the question with any weather you choose, then answer it. Your answer should look like the* **modelo,** *but it should have original information.* **I.** *Write about what you like to do and where you like to go for at least two kinds of weather.* **Repaso de palabras y frases útiles** 1. Qué buena idea, ¡Ni pensarlo! 2. Por qué 3. Nos vemos 4. A que hora… **Resumen cultural** 1. el euro 2. la primaria; la preparatoria 3. las plazas 4. Carmen Naranjo 5. Quito 6. verano; calor 7. invierno; frío 8. La Universidad de Salamanca 9. La Universidad de Santo Domingo 10. Pichincha **ACTIVIDADES AUDITIVAS** **A.** 1. c, f 2. a, g 3. d, g 4. b, d, e, g **B.** 1. Bartlett 2. 5-97-40-03 **C.** a. 2 b. 4 c. 1 d. 3 **D.** 1. F 2. C 3. F 4. F **E.** MÓNICA los lunes, miércoles y viernes: química a las 9:00, matemáticas a las 11:00 y literatura inglesa a la 1:00; todos los días: español a las 8:00 PABLO los lunes, miércoles y viernes: historia a las 10:00 y matemáticas a las 12:00; todos los días: español a las 8:00 **F.** 1. Sí 2. No 3. Sí 4. Sí 5. Sí 6. No 7. Sí 8. No **G.** 1. N 2. N 3. R 4. R 5. N 6. R 7. N **H.** 1. abrigo 2. suéter 3. traje de verano, sandalias 4. pantalones cortos, sandalias 5. abrigo, botas **I.** 1. c, e, f 2. b, g 3. a, d **PRONUNCIACIÓN Y ORTOGRAFÍA** **Ejercicios de ortografía** 1. estómago 2. teléfono 3. cámara 4. artística 5. simpático 6. matemáticas 7. dólares 8. América 9. química 10. gramática 11. tímido 12. sábado 13. romántico 14. décimo 15. México **VIDEOTECA** **Escenas culturales** 1. c 2. a 3. c **Escenas en contexto** **A.** 1. F 2. C 3. C 4. F 5. F **B.** 1. bucear 2. Hace calor y llueve. 3. Hace más fresco y no llueve mucho. 4. Es muy húmedo; hace mucho calor y mucho sol. **LECTURAS** **Nota cultural: Nombres y apellidos** *Comprensión* 1. Es falso. Los hispanos lleven el apellido del padre y el apellido de la madre. 2. Es cierto. 3. Es falso. Sólo su familia lo sabe. 4. Es cierto. **Lectura: Aquí está Nora Morales** *Comprensión* 1. Es cierto. 2. Es falso. Nora tiene un amigo mexicano. 3. Es cierto. 4. Es falso. Nora es de estatura mediana y tiene el pelo castaño.

CAPÍTULO 3

ACTIVIDADES ESCRITAS **A.** ▲ 1. Voy a un restaurante / a casa. 2. Voy a una piscina / al mar. 3. Voy a la biblioteca / a casa. 4. Voy a la librería. 5. Voy a la papelería. 6. Voy a la playa. **B.** ▲ 1. vemos cuadros de pintores famosos. 2. compramos zapatos, botas y sandalias. 3. compramos ropa, cosas para la casa y más. 4. nadamos, tomamos el sol y esquiamos en el agua. 5. rezamos. 6. estudiamos y leemos. **C.** *Your description should look like the* **modelo,** *but it should have your own information.* **D.** *Answers should be original. All verbs should end in* **-o.** **E.** *Answers should be original. All verbs should end in either* **-as** *or* **-es** *because you are addressing another student.* **F.** *Your paragraph should look like the* **modelo,** *but it should have your own information.* **G.** *Answers should be original. Include foods for the three meals. Classify them according to your taste.* **H.** 1. ¿Está cerca el restaurante español? 2. ¿Es sabrosa la comida mexicana? 3. ¿Prefiere tu hermano la comida vegetariana? 4. ¿Desayuna pan tostado y té la profesora? 5. ¿Comen carne (ellos)? 6. ¿Necesitan tomar leche los niños? **I.** 1. peruano 2. español 3. boliviana 4. ecuatoriana 5. colombiano 6. argentina 7. mexicano 8. costarricense **J.** *Your description should look like the* **modelo,** *but it should have information about two of your friends.* **Repaso de palabras y frases útiles** 1. De nada 2. Lo siento 3. De acuerdo **Resumen cultural** 1. Antoni Gaudí 2. Verdadismo; Soraida Martínez 3. Arizona, Colorado, Nuevo México, Texas 4. Florida, Nueva Jersey 5. 30.000.000 6. La Iglesia de la Sagrada Familia, el Parque Güell, Barcelona 7. Sandra Cisneros 8. Colombia 9. Managua 10. Ecuador 11. César Chávez 12. estado libre asociado 13. Cabeza de Vaca 14. Alfonsina Storni **ACTIVIDADES AUDITIVAS** **A.** 1, 3, 5, 6 **B.** Buenos Aires: en enero hace calor, hace sol. En julio llueve y hace frío. México: en enero hace frío. En julio llueve. **C.** 1. d 2. f 3. a 4. c **D.** 1. enfrente de la plaza central.

2. detrás del edificio de Ciencias.   3. en la Facultad de Ciencias Naturales.   4. enfrente del gimnasio.
5. cerca de la Facultad de Ingeniería, en la avenida Ximenes, enfrente del Centro Universitario.
E.   1. de la familia   2. está en   3. va al   4. Voy, ir   5. vas a   6. a comprar   **F.** 1. E 2. G 3. E
4. A 5. E 6. E 7. A   **G.**   1. por el desayuno   2. la leche   3. la fruta   4. (*any two of these*) pastel
con helado, papas fritas, hamburguesas, perros calientes, tacos   5. el desayuno   **H.** 1. Managua,
Nicaragua 2. Madrid, España 3. Valparaíso, Chile 4. La Habana, Cuba   **I.** 1. ingeniería
2. historia 3. Va a jugar al tenis. 4. Van a almorzar. 5. en las canchas 6. en el Taco Feliz (en un
restaurante mexicano)   PRONUNCIACIÓN Y ORTOGRAFÍA   **Ejercicios de ortografía**   **I.** 1. hablan
2. hombres   3. hola   4. hasta luego   5. hora   6. hermana   7. Honduras   8. hace buen tiempo
9. historia 10. hospital   **II.** 1. abuela 2. cabeza 3. nuevo 4. febrero 5. novio 6. abril
7. primavera 8. habla 9. llevo 10. libro   **III.** 1. suéter 2. lápiz 3. fácil 4. difícil 5. fútbol
VIDEOTECA   **Escenas culturales** 1. c 2. b   **Escenas en contexto**   **A.** 1. F 2. C 3. C 4. C
5. F   **B.** 1. economía 2. Alarcón; Robledo 3. la 1:30 4. el Café Azul 4. escuchar música jazz
en el Café Azul   LECTURAS   **Nota cultural: La variedad musical** *Comprensión* 1. a 2. c 3. d
4. f 5. b 6. g 7. h 8. e 9. j 10. k   **Lectura: Adela Martínez, profe de español** *Comprensión*
1. b 2. a 3. b, c 4. a

CAPÍTULO 4

ACTIVIDADES ESCRITAS   **A.** *Answers should reflect what you like, prefer, or want to do on these holidays. Verb
(action word) should be an infinitive (e.g. hablar, comer, escribir).*   **B.** *Describe what you plan to do on the next
holiday. Use* **voy a** + *infinitive (of the listed verbs) to express your plans. Add additional information to flesh out
your description.*   **C.** 1. me despierto 2. me levanto 3. Me ducho 4. se levanta 5. prepara
6. desayunamos 7. sale 8. salgo 9. vuelvo 10. Duermo 11. hablo   **D.** *Write about a typical
Monday in your life.*   **E.** ▲ 1. Primero, se viste (se pone la ropa). Luego, recoge sus libros y sale para
la universidad. Finalmente, llega a su clase de español.   2. Primero, Luis va la baño. Está cerrado, por
eso pregunta: «¿Quién está en el baño?» Su hermana contesta: «Yo.» Mientras espera, Luis se afeita.
Finalmente, se ducha.   3. Primero, la profesora bebe café y lee el periódico. Luego, se lava los dientes.
Después se maquilla y, finalmente, se pone perfume.   **F.** 1. ducharse, se seca 2. afeitarse, se lava
los dientes 3. desayunar, lee 4. sale, ponerse 5. trabajar (hacer su trabajo), bebe (toma)   **G.** *Tell
how you feel in each situation.* ▲ 1. Estoy ocupada/cansada.   2. estoy enojado/a.   3. tengo miedo.
4. estoy enamorada.   5. Tengo prisa   **H.** *For each item, tell what you do when you feel that way.*   **I.** *Use
the questions as a guide to write your composition.*   **Resumen cultural** 1. el Día de los Reyes Magos
2. el carnaval 3. Inti Raymi 4. la Guelaguetza 5. disfraces 6. la cumbia 7. José Martí 8. las
Fallas 9. su santo 10. José Guadalupe Posada 11. mayas 12. 1821   ACTIVIDADES AUDITIVAS
A. 1. martes, jueves 1:00 a 2:45 2. martes 8:30 a 10:00, miércoles 2:00 a 4:00   **B.** 1. 8:15 2. 11:20
3. 5:30   **C.** b, c, e, g, h   **D.** 1. c 2. b 3. c 4. a   **E.** 1. P 2. A 3. A 4. CC 5. P
6. P 7. A   **F.** 1. En la mañana 2. En la tarde 3. Después del trabajo 4. A las 10:30 P.M., más o
menos 5. Los sábados y los domingos   **G.** 1. F 2. F 3. C 4. F 5. C   **H.** 1. C 2. F 3. F
4. C 5. C   **I.** 1. don Anselmo 2. don Anselmo 3. don Eduardo 4. don Eduardo 5. su esposa
6. don Anselmo 7. don Anselmo   PRONUNCIACIÓN Y ORTOGRAFÍA   **Ejercicios de ortografía**
I. 1. los ojos 2. geografía 3. joven 4. rojo 5. jugar 6. recoger 7. vieja 8. generalmente
9. anaranjado 10. bajo 11. gente 12. el traje 13. generosa 14. las hijas 15. jueves   **II.** 1. yo
2. silla 3. voy 4. llorar 5. hay 6. llegar 7. muy 8. playa 9. amarillo 10. llamar 11. apellido
12. mayo 13. llueve 14. hoy 15. estoy 16. calle 17. millón 18. leyendo 19. soy 20. caballo
VIDEOTECA   **Escenas culturales** 1. c 2. a 3. a   **Escenas en contexto**   **A.** 1. F 2. F 3. C
4. C 5. F   **B.** 1. su cumpleaños 2. no tiene su recibo 3. esperar hasta el viernes   LECTURAS
Lectura: Poesía: «Cinco de mayo» *Comprensión* 1. La batalla de Puebla de 1862 2. horchata,
tostaditas, guacamole, mango con chile y limón 3. música, colores, banderas, piñata 4. Porque es el
mes de mayo; las vacaciones de verano.   **Lectura: Las distracciones de Pilar** *Comprensión* 1. G
2. LD 3. G 4. P 5. LD 6. G 7. P 8. G 9. P 10. P

A4   *Answer Key*

CAPÍTULO 5

ACTIVIDADES ESCRITAS   A. 1. nos, le 2. le, le 3. nos, le 4. les, Le 5. Me, te, me
B. 2. comprendo, explica 3. terminar, empezar 4. escucho, dice 5. hago 6. comprenden, hacen preguntas 7. prepara/enseña 8. recoge 9. escribe, escribimos 10. aprendemos   C. *Write about what you do in your Spanish class.*   D. *Your answers should look like the the two* **modelos,** *but they should contain original information.*   E. *Some possible people: Kobe Bryant, Tiger Woods, Gloria Estefan, Michelle Kwan, Picabo Street, Sammy Sosa*   F. *Your answers should be original.*   G. 1. médico 2. maestras 3. mecánico 4. peluquera 5. ingenieros 6. cajera 7. contadora 8. cantantes 9. mesero 10. trabajadores sociales   H. *Answers should be original. They should start with a form of* **estar (estoy, estás, está, estamos, están)** *and a verb ending in* **-ando, -iendo,** *or* **-yendo.**   I. *Write about your current or ideal job. Remember to describe your duties* (**obligaciones**), *as well as the positive and negative aspects of the job.* J. *Fill in the note with your plans for your next birthday.*   K. *Write about your plans after graduation (retirement). Use different verbs to express plans:* **voy a, quiero, pienso, tengo ganas de, me gustaría, quisiera.**   L. ▲ 1. La profesora Martínez llega a su casa en su carro. Primero bebe café. Más tarde cena sola. Después tiene sueño. Le gustaría acostarse, pero tiene que preparar su clase. 2. Primero la terapeuta le da masaje al paciente. Luego examina sus reflejos. Después ayuda al paciente a caminar. Finalmente, trae la silla de ruedas para el paciente. Al paciente le gustaría jugar/divertirse con ella (la silla). 3. Primero Esteban recoge los platos. Luego limpia la mesa. Después atiende a una clienta. Después le sirve café, pero le gustaría invitar a la cliente al cine. 4. Primero la doctora llega al hospital a las diez menos diez. Después habla con una enfermera. Luego examina a un paciente y opera a un paciente. Más tarde quiere leer una novela y dormirse en el sofá. 5. Primero el abogado entra al edificio de la Corte Suprema. Luego defiende a un criminal. Después habla/consulta con el juez. Finalmente el criminal le paga. El abogado está contento, pero quisiera jugar al fútbol con sus hijos.   **Resumen cultural** 1. Simón Bolívar 2. no 3. arroba 4. tacaño 5. los arahuacos 6. Gabriel Bracho 7. excelente 8. enlace 9. jonrón, béisbol, basquetbol, suéter (también: estrés, Internet, sitio Web, surfear) 10. vista, sierra, canal, cigarro, lasso (también: mustang, pueblo, rancho) 11. tamale barbecue, hurricane (también: cigar, lasso, and many words for food: tomato, chocolate, chile)   ACTIVIDADES AUDITIVAS A. 1. N 2. N 3. N 4. Q 5. Q   B. c, d   C. 1. C 2. A 3. A 4. C 5. C 6. A 7. C 8. A   D. 1. restaurante 2. casi nunca tienen horas flexibles. 3. club nocturno 4. trabajar; sabe E. 1. V 2. A 3. V 4. N 5. V 6. A   F. 1. L 2. C 3. C 4. LD   G. 1. El plomero está ocupado. Está instalando la tubería. 2. Está ocupado también. Está reparando unos cables eléctricos. 3. Está instalando los cables en el techo. 4. con el plomero   H. 1. F 2. C 3. F 4. C 5. C 6. F   I. 1. C 2. C 3. C 4. F 5. F 6. F   J. 1. L 2. G 3. L 4. L 5. C   PRONUNCIACIÓN Y ORTOGRAFÍA   **Ejercicios de ortografía I.** 1. cara 2. ¿Cuánto cuesta? 3. poco 4. parque 5. ¿Qué es? 6. ¿Quién está aquí? 7. corto 8. chaqueta 9. cosa 10. aquí   **II. A.** 1. café 2. está 3. entendí 4. esquí 5. papá   **B.** 1. cafés 2. también 3. francés 4. alemán 5. dirección 6. profesión 7. japonés 8. televisión 9. perdón 10. jabón   **C.** 1. estación, estaciones 2. japonés, japonesa 3. definición, definiciones 4. opinión, opiniones 5. inglés, ingleses   VIDEOTECA **Escenas culturales** 1. el libertador de América del Sur 2. el petróleo   **Escenas en contexto A.** 1. C 2. F 3. F 4. C 5. C   **B.** 1. hacer una cita 2. está con un cliente 3. empleo LECTURAS   **Nota cultural: La educación en el mundo hispano** *Comprensión* 1. El sistema escolar hispano tiene cuatro partes. Los estudios universitarios duran de cuatro a cinco años. Los estudiantes pueden escoger medicina, derecho o ingeniería, entre otras carreras. 2. La tasa de alfabetismo en Uruguay y Cuba es alta porque la educación es gratis. Mucha gente va a la escuela. 3. La Universidad de Salamanca; la Universidad de Santo Domingo   **Lectura: La diversidad económica** *Comprensión* 1. Chile 2. Honduras, otros países centroamericanos y Guinea Ecuatorial 3. Guinea Ecuatorial 4. Cuba y la República Dominicana 5. Argentina

CAPÍTULO 6

ACTIVIDADES ESCRITAS   A. ▲ 1. El sofá es más grande que el sillón. El sillón es más grande que la mesita. El sofá es el más grande de los tres. / La mesita es más pequeña que el sillón. El sillón es más pequeño que el sofá. La mesita es la más pequeña de los tres. 2. El abuelo es mayor que el hombre. El hombre es mayor que el niño. El abuelo es el mayor de los tres. / El niño es menor que el hombre. El hombre es menor que el abuelo. El niño es el menor de los tres. 3. La casa es más cara que el carro.

El carro es más caro que la bicicleta. La casa es la más cara de los tres. / La bicicleta es más barata que el carro. El carro es más barato que la casa. La bicicleta es la más barata de los tres. 4. Amanda tiene tanto dinero como Graciela. Ernestito no tiene tanto dinero como Amanda y Graciela. 5. La casa de los Saucedo tiene tantas ventanas como la casa de los Silva. La casa de los Saucedo y la casa de los Silva no tienen tantas ventanas como la casa de los Ruiz. 6. El edificio Torres es tan moderno como el edificio Echeverría. El edificio Gonzaga no es tan moderno como el edificio Torres o el edificio Echeverría.
B. 1. *Your answers should be original and should start with* **Es mejor** *or* **Es peor** *plus the appropriate statement and a reason; e.g.,* **Es mejor vivir en el centro porque hay muchos restaurantes y cines allí.** **C.** *Use verbs in the* **yo** *form:* **Un día típico, desayuno con… A veces limpio la casa con… o trabajo en el jardín… Otras veces juego con…** *Statements should be original.* **D.** *You can either describe your house/apartment or your neighborhood. Statements should be original.* **E.** *Combine a phrase from each column to make logical sentences about obligations in your own household.* **F.** *Decide how often the chores listed have to be done. Use* **Hay que** *or* **Es necesario** *plus the chore and a word or phrase to indicate the frequency.* **G.** *Describe your obligations at home. Answer the questions to create an original paragraph.* **H.** 1. Ernestito sacó la basura. 2. Lobo jugó con un gato. 3. Amanda tendió la cama. 4. Ernesto habló por teléfono por una hora. 5. Estela regó las plantas. 6. Guillermo cortó el césped. **I.** *Provide original answers about what you did on your last birthday. Remember that the first-person (***yo***) form of regular verbs ending in* **-ar** *should end in* **-é** (**hablé, estudié, caminé**) *and those of* **-er** *and* **-ir** *regular verbs should end in* **-í** (**comí, leí, escribí, abrí**). **J.** 1. Sabes, sé 2. conoce, conozco, conocen 3. sabes, conozco 4. sé, conozco 5. sabes, sé, sé 6. conoces, conozco 7. sabe, sé, sé, 8. Conocen, sabemos **K.** 1. lo 2. los 3. los, los 4. los, los 5. las **L.** *The dialogue should be original. See textbook (p. 227) for ideas.* **Resumen cultural** 1. Unidas de Centroamérica 2. Óscar Arias Sánchez; el Premio Nóbel de la Paz 3. Nicaragua 4. perro callejero (perro abandonado) 5. dogos 6. del Imperio Romano 7. van a las plazas o al centro. 8. Una zona mixta tiene casas particulares, apartamentos, tiendas y oficinas en la misma área. 9. del 16 al 24 de diciembre 10. Organizan procesiones que van de casa en casa. Los niños llevan velas, cantan y tocan a las puertas. A veces le ofrecen flores al niño Jesús y reciben dulces o hay una piñata. 11. zócalo
ACTIVIDADES AUDITIVAS **A.** 1. E 2. B 3. E 4. E 5. B **B.** 1. R 2. R 3. P 4. P 5. P **C.** 1. c 2. b 3. a 4. d 5. a **D.** 1. alquiler 2. condominios 3. dormitorios 4. sala 5. cocina 6. 700 **E.** 1. Limpiamos 2. sacudimos los muebles 3. Barremos 4. limpiamos dos baños 5. 95 6. quehaceres domésticos 7. 323-298-7044 **F.** 1. R 2. R 3. A 4. R 5. A **G.** 1. C 2. C 3. C 4. C 5. C 6. F **H.** 1. b, c, f 2. d 3. a 4. e 5. f 6. b 7. b 8. f **I.** 1. F 2. C 3. F 4. C 5. F **PRONUNCIACIÓN Y ORTOGRAFÍA** **Ejercicios de ortografía** **I.** 1. portugués 2. hamburguesa 3. guitarra 4. Guillermo **II.** 1. economía 2. cafetería 3. zapatería 4. geografía 5. librería 6. día 7. sociología 8. biología **VIDEOTECA** **Escenas culturales** 1. amables y alegres 2. parques nacionales, refugios y reservas biológicas 3. las tortugas, las playas, las montañas, los bosques y el pueblo **Escenas en contexto** **A.** 1. C 2. F 3. C 4. C 5. F **B.** 1. un dormitorio, baño con ducha, cocina con lavaplatos 2. 600, 700 **LECTURAS** **Lectura: Habla la gata Manchitas.** *Comprensión* 1. g 2. d 3. b 4. g 5. f 6. d, e 7. c 8. a, b 9. c, d, e 10. c 11. h 12. a, d, e **Lectura: ¡Nadie es perfecto!** *Comprensión* 1. En la familia de Armando, *todos ayudan* con los quehaceres domésticos. 2. A la mamá de Armando *le molestan* las cosas tradicionales. 3. La abuela de Armando prepara *comida japonesa y también peruana.* 4. La madre de Armando se encarga de *limpiar la casa y reparar los aparatos y los muebles.* 5. El abuelo de Armando *no sabe reparar nada (no sabe hacer reparaciones)* en la casa. 6. Armando y su hermano ayudan a *su abuelo a regar las plantas y rastrillar el patio.* 7. A veces, Armando deja *sus camisas en el piso.*

CAPÍTULO 7

ACTIVIDADES ESCRITAS **A.** ▲ 1. No, ya estudié ayer. 2. No, ya la vi anoche. 3. No, ya los visité el mes pasado. 4. No, ya hice ejercicio contigo la semana pasada. 5. No, ya fui de compras el fin de semana pasado. **B.** 1. fue 2. Me levanté 3. oí 4. me duché 5. me vestí 6. salí 7. fui 8. puse 9. manejé 10. llegué 11. llegué 12. se puso 13. dio 14. Trabajé 15. almorcé 16. descansé 17. Salí 18. Tuve que 19. asistí 20. oí 21. dijo 22. Dormí **C.** *Su párrafo debe ser original. Recuerde que para hablar de su fin de semana debe usar formas verbales de la primera persona (***yo***): me levanté, estudié, trabaje, comí, corrí, escribí, fui, tuve, hice, etcétera. No escriba una lista de actividades. Incluya detalles interesantes.* **D.** 1. Jugué 2. me duché 3. me puse 4. fui 5. Me divertí 6. me acosté

7. jugó 8. se duchó 9. se puso 10. salió 11. se divirtió 12. se acostó **E.** *Las actividades deben ser originales. Piense en lo que hicieron los miembros de su familia y/o sus amigos. Mire los modelos y recuerde usar el pasado.* **F.** *Recuerde usar la segunda persona (tú) en el pretérito.* **G.** ▲ Manejaron a Ciudad Juárez. Llegaron a Ciudad Juárez. Fueron a la plaza y escucharon música. Raúl fue a la Librería México. Esteban entró en la tienda Guitarras Segovia. Fueron al cine para ver una película. Cenaron en un restaurante muy bueno. Regresaron al carro con los paquetes. Volvieron a San Antonio. **H.** *Los detalles deben ser originales.* 1. Hace un año que me gradué de la escuela secundaria. 2. Hace dos semanas que conocí a mi profesor(a) de español. 3. Hace tres días que limpié mi cuarto. 4. Hace una semana que fui al cine con mi novio/a. 5. Hace un mes que me divertí mucho con mis amigos. **I.** *Sus respuestas deben ser originales.* **J.** 1. llegó, vio, fue, encontraron 2. declaró/declararon, fue, empezó, empezó, terminó 3. declaró, terminó, Fue, tuvo, fue, regresó **Resumen cultural** 1. 1862, Batalla de Puebla 2. Bernardo O'Higgins, Simón Bolívar, José de San Martín 3. Maximiliano de Hapsburgo 4. Es una caminata de 43 kilómetros que empieza en Chachabamba y termina en Machu Picchu. 5. Hernán Cortés 6. los quechuas 7. Más vale solo que mal acompañado. 8. el castellano 9. Colombia, Ecuador, Perú, Bolivia, Chile, Argentina 10. Chile, Bolivia, Paraguay, Argentina y Uruguay 11. Violeta Chamorro; nicaragüense 12. Reuben Martínez 13. Jorge Argueta **ACTIVIDADES AUDITIVAS** **A.** 1. Sí 2. Sí 3. No 4. Sí 5. No 6. Sí 7. Sí **B.** 1. G 2. NG 3. G 4. G 5. NG 6. G 7. G **C.** 1. fue, bailó 2. llamó 3. salió, volvió 4. pasó 5. dijo 6. dijo **D.** 1. c 2. b, c 3. a, b 4. b 5. b, c **E.** 1. c 2. b 3. c 4. c 5. a **F.** 4, 7, 1, 3, 5, 2, 6 **G.** 1. S 2. M 3. S 4. B 5. M **H.** 1. 27 de abril de 1973 2. 33 años 3. 33 4. 45 años 5. visitar a sus abuelos y otros parientes 6. tienen su familia 7. le gustaría viajar a Japón (la tierra de sus padres) **I.** 1. F: Carla se divirtió el sábado en la playa. 2. C 3. F: En la playa tomaron el sol, escucharon música, nadaron y jugaron al voleibol. 4. C 5. C **PRONUNCIACIÓN Y ORTOGRAFÍA** **Ejercicios de ortografía** **I. A.** 1. saco 2. sombrero 3. silla 4. casa 5. seis **B.** 1. brazo 2. nariz 3. izquierda 4. rizado 5. azul **C.** 1. cierre 2. lacio 3. gracias 4. bicicleta 5. cereal **II. A.** 1. comí 2. estudié 3. salí 4. trabajé 5. entendió 6. llegó 7. lavó 8. corrí 9. jugó 10. terminó **B.** 1. hice 2. puse 3. pude 4. quise 5. dijo 6. trajo 7. vino **III. A.** 1. Juan no quiso buscar el reloj ni los lentes que perdió. 2. Yo busqué el reloj, pero encontré solamente los lentes. 3. Roberto no jugó al tenis porque llegó muy tarde. 4. Yo llegué temprano y jugué con su compañero. 5. No pude leer el periódico ayer; mi padre sí lo leyó. 6. Hoy busqué el periódico, pero no llegó. 7. Dije que no, pero mi hermano no me creyó. 8. Esta tarde empecé a hacer la tarea a las dos; Luis empezó a las cuatro. 9. Cuando llegamos a Acapulco, busqué mi traje de baño. 10. Yo no pagué el viaje; pagó mi esposo. **B.** 1. me bañé 2. hablé 3. dije 4. manejaste 5. llegué 6. tuviste 7. levantó 8. salió 9. vino 10. desayunamos 11. hicimos 12. quiso 13. compraron 14. se lavó 15. incluyó **VIDEOTECA** **Escenas culturales** 1. europeos 2. arte, arquitectura 3. el tango **Escenas en contexto** **A.** 1. F 2. C 3. F 4. F 5. C **B.** 1. historia latinoamericana 2. amigos (María y José) 3. Martín llegó tarde al trabajo. 4. desayunó, durmió **LECTURAS** **Lectura: Novela: «Ana Luisa»** *Comprensión* 10, 8, 1, 4, 6, 2, 5, 7, 9, 3 **Lectura: Canción: «Castillos en el aire»** *Comprensión* ▲ 1. El hombre quiso volar igual que las gaviotas. Sí pudo hacerlo y fue muy dichoso. 2. Construyó castillos en el aire con nubes de algodón y construyó ventanas fabulosas de luz, magia y color. 3. Los demás lo llamaron pobre idiota; le dijeron que volar es imposible. 4. Cundió la alarma, dictaron normas y lo condenaron a vivir con cordura. 5. *Aquí usted debe dar su interpretación personal de esta pregunta.*